AF581815

LE CONGO FRANÇAIS

HISTOIRE,

GÉOGRAPHIE,

COLONISATION

PAR

PAUL BOURDARIE

Chargé de Missions

CONFÉRENCE

Faite en la salle de la Société de Géographie

le 27 mars 1901

PARIS
IMPRIMERIE LUCIEN DUC
35, RUE ROUSSELET, 35

1901

CONFÉRENCE

SUR LE

Congo Français

PAR

M. PAUL BOURDARIE

Chargé de missions du Ministère des Colonies

Faite à la Société des Originaires du Lot le 27 mars 1901

MESDAMES, MESSIEURS,

Je remercie très vivement M. Goursat d'avoir bien voulu me servir de parrain dans la Société des Originaires du Lot. Depuis longtemps, je désirais solliciter la faveur de devenir votre collègue. Les préoccupations diverses de la vie coloniale que je mène, aussi bien à Paris qu'au Congo, avaient indéfiniment retardé la mise à exécution de mon projet. Aujourd'hui, c'est donc comme si, après une longue absence, je rentrais dans ma famille, et je suis très touché de l'accueil qui m'y est fait.

Je remercie aussi votre distingué et dévoué président des paroles aimables et trop élogieuses qu'il vient de m'adresser, en présentant le conférencier. En réalité, nous travaillons tous au même monument, qui est celui de la France elle-même : mais, tandis que vous construisez, de votre science et de votre art, de vos travaux variés et de votre industrie, le corps principal du bâtiment, moi, je pose ma très modeste pierre à l'une des ailes les

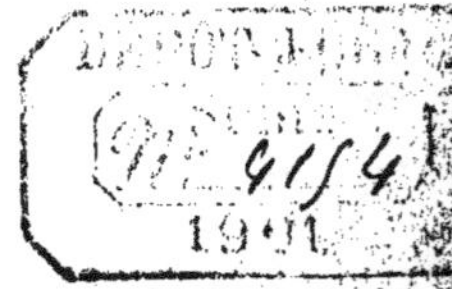

plus éloignées de l'édifice. Et, tous, nous voulons également que le monument soit solide et durable, qu'il resplendisse dans le monde...

* * *

J'ai à vous parler du Congo français, et je le ferai dans une causerie, la plus simple et la plus claire possible. C'est un voyage que nous ferons ensemble et qui nous permettra de nous faire comme un tableau général de cette colonie et de l'importance politique ou économique qu'elle peut avoir dans le développement de notre domaine africain.

Mais n'attendez de moi aucun récit plus ou moins coloré et palpitant d'exploration personnelle de pays absolument nouveaux, pour la raison très simple que je n'ai rien exploré et que je n'ai marché que dans des sentiers déjà battus par d'autres. Mais si les circonstances ne m'ont pas permis de découvrir des pays entièrement neufs — j'espère qu'elles seront un jour plus favorables — il y avait cependant œuvre utile à réaliser en marchant derrière les explorateurs : après l'œuvre politique ou géographique, il restait à envisager l'œuvre économique, et c'est à celle-là que j'ai pu, avec quelques succès, consacrer mes efforts.

Avant d'aborder mon sujet, je dois une explication à quelques-uns de mes compatriotes, qui ont pu se demander comment un des leurs, né dans les causses pierreux du Lot, avait pu rêver de pays équatoriaux, où la végétation est luxuriante, envahissante, folle ; où la température se maintient presque toute l'année entre 30 et 35°, pour se rafraîchir à peine pendant la saison sèche ; où la tornade règne en maîtresse, ouvrant toutes grandes ses cataractes pendant huit mois de l'année ; où la tension électrique est formidable ; où le tonnerre a des éclats incomparables ; où la fièvre débilitante guette l'Européen à tous les coins d'une existence dénuée de confort ; où habitent enfin les membres d'une humanité qui n'a jamais progressé et qui continue à croupir dans des habitudes barbares, telle celle de l'anthropophagie.

Si j'avais à faire à des Gascons une réponse de Gascon, je dirais que ma décision fut prise le jour où je constatai que la colonisation de Paris par les originaires du Lot avait atteint son maximum d'intensité, et qu'il était temps de chercher ailleurs dans le monde un champ plus vaste et nouveau à leur activité dévorante et qui ne connaît pas les obstacles.

J'aime mieux trouver d'autres raisons... Aussi loin que je remonte dans mes souvenirs, je trouve ceci : j'étais en quatrième, et le professeur de géographie interrogeait celui de mes camarades qui, par dévouement sans doute, consentait à occuper, toute l'année durant, la dernière place.

— Où est situé le Congo ? demandait le maître.

— En Espagne, répondait mon malheureux camarade.

Sa réponse fut accueillie par nos rires et lui valut l'inévitable pensum.

Ne sachant pas trop moi-même où était le Congo, sans toutefois le placer en Espagne, je cherchai dans mon atlas et gravai sérieusement dans ma mémoire un pays sur lequel je devais plus tard (mais je ne m'en doutais pas alors) établir tout un plan de vie qu'il serait aujourd'hui bien difficile de me faire changer. A cette époque, les cartes d'Afrique portaient encore cette indication si fausse pour le centre du continent : grand désert, et cela était très facile à apprendre.

Plus tard, le récit des voyages de Stanley et de Brazza ramène mon attention sur les pays du Congo, en éveillant ma curiosité, en excitant mon enthousiasme. La lecture d'études économiques et les souvenirs historiques classiques sur l'Inde et le Canada, me permettent de me fixer à moi-même la nature des rapports nécessaires entre la France et ses colonies, le rôle que peuvent et doivent jouer les productions coloniales dans le développement de l'industrie et du commerce français.

Enfin, dans un monde d'idées plus générales, plus philosophiques et de haute portée politique, économique et sociale, j'apprends et je me convaincs que la colonisation est une fonction naturelle des peuples, comme la respiration est une fonction naturelle des individus ; que les peuples perdent de leur vigueur, de leur force, de leur influence et même de leur richesse, quand ils concentrent leur vie en eux-mêmes, au lieu de la répandre au dehors, et que, parmi tous les peuples, le peuple français paraît avoir une mission spéciale, très haute et désintéressée, de civilisation et de progrès du genre humain tout entier...

Voilà les raisons plus sérieuses qui peuvent expliquer que le jeune anticolonial de 1885, époque à laquelle il entrait dans la vie publique avec une belle fougue irréfléchie, soit devenu le colonial ardent et convaincu que vous connaissez aujourd'hui, et duquel il n'a pas dépendu qu'il pût rendre d'autres et plus grands services à la cause qu'il a volontairement embrassée depuis dix ans.

* * *

La colonie du Congo français est située sous l'Equateur et embrasse en côtes, sur l'océan Atlantique, un peu plus de 7° : du 2° parallèle nord au 5° parallèle sud, soit 800 kilomètres en ligne droite.

Sa superficie, non compris les territoires militaires du Chari, est de 1 423 400 kilomètres carrés, soit deux fois et demie environ la superficie de la France.

On y trouve une série de bassins côtiers indépendants les uns des autres et dont le plus important est celui de l'Ogooué, concédé depuis 1893, pour la majeure partie de ses territoires, à une société d'exploitation. Le bassin intérieur de la colonie fait partie intégrante du vaste bassin du Congo, (celui-ci comporte de 40 à 50 000 kilomètres de voies navigables) et s'étend sur une rive du moyen Congo, les deux rives de la Sangha, une rive de l'Oubanghi et une rive du M' Bomou, jusqu'à la ligne de partage des eaux du bassin du Congo et du bassin du Nil. Le système montagneux de la colonie est assez simple : en arrière du Gabon, le massif des monts de Cristal, avec des altitudes de 1 200 mètres, se relie directement aux plateaux montagneux de l'Ogooué et, plus bas, du Mayombé, recouverts par la forêt vierge.

Le reste de la colonie est constitué par le plateau dit central africain, d'une altitude moyenne de 600 à 700 mètres, et rentre bien dans la comparaison qu'on a cru pouvoir faire de ce continent, à une assiette creuse renversée. Aussi le Congo voit-il la dernière partie de son cours obstruée par des rapides, au milieu desquels ses eaux se précipitent avec la violence que leur donne une dénivellation marquée. Ces rapides commencent au-dessous de Brazzaville, constituant de véritables chutes, dont le grondement s'entend, la nuit surtout, à une très grande distance. Le lac (1) formé par le Congo à Brazzaville même, et qui sépare notre colonie de l'Etat indépendant administré par les Belges, n'est pas autre chose, somme toute, qu'une énorme ampoule de sûreté d'une largeur de 18 kilomètres, mise là pour régulariser les eaux du fleuve, avant leur chute définitive dans les rochers.

En réalité, l'étude de la géographie physique du Congo est encore loin d'être complète et, par exemple, en ce qui concerne la constitution géologique du sol, il reste à reprendre les savantes études du regretté Maurice Barrat.

* * *

Le premier établissement des Français au Congo remonte à 1844. La Marine cherchait un nouveau point de relâche sur la côte occidentale d'Afrique : elle le choisit au fond de l'estuaire du Gabon, accessible aux plus grands bateaux. Le commandant Bouët-Villaumez acheta au roi Denis l'emplacement nécessaire à des établissements maritimes et commerciaux, sur le plateau qui fait face à l'entrée de l'estuaire, et Libreville fut créé.

Successivement, Braouzec (1858), du Chaillu (1859), Aymes (1867), Nicolas (1871), le marquis de Compiègne et Marche, en 1874, se livrent à des reconnaissances et à des explorations.

En 1875, un jeune lieutenant de vaisseau qui laissera une trace durable de ses travaux et fondera pacifiquement une grande colonie française, arrive au Gabon : sa préoccupation est de trouver une voie de pénétration fluviale de la côte vers l'intérieur, et il suppose que l'Ogooué, déjà visité par ses aînés, sera cette voie.

Tel est le point de départ d'une série d'explorations qui ne s'arrêtera qu'en 1894-1895. Dans cette longue période, S. de Brazza et ses compagnons agiront d'abord pour le compte de l'Association internationale africaine, qui s'est donné la grande tâche de civiliser l'Afrique équatoriale et centrale ; il fera, un peu plus tard, reconnaître et délimiter par le gouvernement français une colonie française dont l'ancien Gabon ne sera qu'une très petite partie ; puis il administrera la petite colonie en qualité de Commissaire Général du Gouvernement au Congo français, dont il étendra encore les limites, puissamment aidé par ses

(1) Stanley-Pool.

collaborateurs et amis : Mizon, Docteur Ballay, de Chavannes, Dolisie, Crampel, Fourneau et son frère, Jacques de Brazza, tous ayant un nom marquant dans l'histoire de l'Afrique.

Faire l'exposé des péripéties diverses de cette conquête pacifique m'entraînerait trop loin : tout le monde les connaît, sinon dans le détail, au moins dans l'ensemble et dans les résultats, et je ne ferai pas autre chose que de vous inviter à vous unir à moi pour rendre un public hommage à tous ceux qui, pendant cette période et au cours des événements que je raconterai brièvement tout à l'heure, ont de leurs fatigues, de leurs travaux, de leurs souffrances et quelquefois de leur mort, contribué à fonder cette partie de notre domaine africain, à l'agrandir, à le compléter, à l'asseoir définitivement.

Cependant un incident est à relever : c'est celui de la rencontre des deux grands émules de la conquête du bassin du Congo : un français, de Brazza ; un américain, naturalisé depuis anglais, H. M. Stanley. Celui-ci vit arriver un jour à son devant un homme maigre, hâlé, et dont le costume, quelque peu endommagé, témoignait ou d'une certaine misère ou d'un mépris absolu du *cant* dont tout bon anglo-saxon ne saurait convenablement se départir, même au centre de l'Afrique. Cet homme n'avait avec lui que quelques noirs, mais c'étaient de ces Sénégalais qui ont fait, conduits par nos officiers, le tour du monde, et l'un d'eux, le sergent Malamine, montrera à Stanley, contre qui il maintiendra seul, quelque temps après, les droits de la France et le drapeau français sur la rive droite du Stanley-Pool, que les soldats sénégalais ont, à défaut d'autre chose, les sentiments puissants du dévouement et de la fidélité à leur consigne et à leurs chefs.

Stanley, lui, a des troupes nombreuses, des porteurs en nombre considérable, des marchandises, des vivres... et ces deux hommes, représentant deux races et deux politiques bien différentes, se saluent. Or, tandis que Stanley a dû se frayer un passage par le fer et par le feu, laissant derrière lui le souvenir de sa cruauté, avec, peut-être, des germes de haine et de vengeance, de Brazza a passé presque seul, sans troupes nombreuses, vivant dans les villages à la manière des noirs, temporisant avec les indigènes et s'imposant à eux par le seul ascendant de sa force morale.

Cela est demeuré à l'honneur de la France, et cela lui vaudra peut-être, dans la suite des temps, un empire plus durable que celui qui n'aura été fondé par d'autres peuples qu'à l'aide de la force brutale.

***

Au lendemain des actes de Berlin et de Bruxelles, qui consacraient le partage éventuel de l'Afrique entre les puissances européennes, un explorateur français, compagnon de de Brazza, Paul Crampel, reprenait la thèse africaine du général Philebert, adoptée ensuite par M. Etienne, sous-secrétaire d'Etat des Colonies au Ministère de la Marine : réunion par le lac Tchad de l'Algérie, du Soudan et du Congo.

« En France, dit Crampel à ceux qui, depuis, constituèrent le « Comité de l'Afrique française, on ne se passionne pas pour « des théories compliquées : il faut une formule et un fait.

« La réunion, sur les bords du Tchad, de nos possessions de « l'Algérie-Tunisie, du Soudan et du Congo, sera cette formule, « et mon voyage sera le fait symbolique. »

Et Crampel part en mars 1890 avec Biscarrat, Nebout, Lauzière. Son plan consiste, entré par le Congo, à ressortir par l'Algérie. Il a encore avec lui un Targui qui lui servira de guide et d'interprète pour traverser le Sahara, et une petite négresse pahouine, Niarinzhe, qu'il a emmenée avec lui à Paris, après sa première exploration au nord du Gabon.

Mais Ischekkad, venu au contact des Musulmans de la région du Tchad, trahit son chef, et Crampel trouve la mort à El-Kouti au mois d'avril 1891. Nebout seul survit.

Le Comité de l'Afrique française avait envoyé, dès le mois de mars 1891, une seconde mission, commandée par M. Dybowski, avec, entre autres collaborateurs, M. Bobichon, administrateur actuel du Haut-Oubanghi, et M. Chalot, devenu depuis directeur du Jardin d'essais de Libreville.

M. Dybowski était parti pour appuyer l'action de Crampel : il ne put que s'avancer sur la route d'El-Kouti et venger la mort de son aîné sur quelques-uns de ceux qui avaient pris part au massacre. La maladie le força à rétrograder et à rentrer en France en août 1892.

Du reste, une troisième mission était partie de France en janvier de cette année, et elle avait été confiée à M. Maistre, qui avait avec lui MM. Brunache, Clozel, de Béhagle, Briguez et Bonnel. A son tour, il reprend la route du nord, traverse le sud du Baghirmi et un affluent du Chari, le Logone : l'épuisement des approvisionnements et de ses munitions lui interdit de pousser jusqu'au Tchad, que de Béhagle propose d'atteindre seul ; la mission oblique à l'ouest par l'Adamaoua, où opère le lieutenant de vaisseau Mizon, et sort enfin par l'embouchure du Niger, formant ainsi une boucle que l'on estime à ce moment devoir être infranchissable à nos rivaux du Cameroun allemand.

Peu de temps après, Mizon, qui est à Yola, redescend vers le Congo par N'Gaounderé et la Haute-Sangha, où il rencontre de Brazza. La boucle est ainsi fermée une seconde fois: mais un acte diplomatique signé un an plus tard, en 1894, l'ouvrira aux Allemands pour leur permettre d'atteindre les bords du lac Tchad.

Maistre rentre en mai 1893.

Laissons, pour le moment, les missions Liotard, Monteil et Decazes, qui opèrent de l'Oubanghi au Bahr-el-Ghazal, dans la direction de l'est.

En 1895, un administrateur colonial, M. Gentil, reprend la route du Nord en partant du Congo. Il a avec lui un bateau démonté qu'il faut transporter en colis réduits par la route des caravanes, puis sur le fleuve jusqu'à Bangui, et de là, en lui faisant franchir la ligne de partage des eaux des bassins du Congo et du Tchad, jusque sur un affluent du Chari, lui-même affluent du Tchad. Le bateau descendra le fleuve... la route qui marche... et l'on atteindra le grand lac.

Il fallut quinze mois pour accomplir cette œuvre et, le 30 octobre 1896, le drapeau français faisait son apparition à l'embouchure du Chari.

Les délimitations internationales africaines étant déjà effectuées à l'ouest et au nord du Tchad, visité déjà par le capitaine Monteil, la France pouvait dès lors poursuivre lentement et pacifiquement l'occupation des rives méridionale, orientale et septentrionale du lac, si toutefois la puissance de Rabah ne se dressait pas devant nous, comme un obstacle non pas infranchissable, mais tout au moins difficile à abattre. Rabah, ancien esclave noir de Zobéir Pacha, avait levé quelques rebelles dans le sud du Darfour et avait successivement ravagé ou conquis le Baghirmi et le Bornou, dont il gardait la capitale, Kouka. Nous allons le retrouver.

Gentil rentra en France en août 1898, après trois ans de durs labeurs.

De Béhagle. — Par l'exposé qui précède, on a pu voir que Bangui était une véritable base d'opérations pour les diverses missions qui s'enfonçaient dans l'intérieur du continent. Mais jusque là, les explorateurs n'avaient eu que des buts scientifiques et politiques. Or, si l'on fait l'acquisition de colonies, c'est pour les exploiter un jour ; si l'on cherche et découvre des pays nouveaux, c'est dans l'espérance d'y créer des intérêts matériels durables : d'où la nécessité de l'exploration économique, commerciale, conjointement aux autres formes de l'exploration. La politique coloniale est surtout une politique d'intérêts.

Tandis que quelques-uns des événements que je viens de raconter brièvement se déroulaient et que les autres se préparaient, il me fut donné, en qualité de secrétaire général d'une Société coloniale, d'étudier le projet de voyage commercial du Congo à la Méditerranée, présenté par M. F. de Béhagle, ancien membre des missions Maistre et Mizon.

La thèse de l'auteur du projet était la suivante : démontrer qu'une tonne de marchandises prise dans le bassin du Tchad coûte moins cher à transporter à la côte méditerranéenne qu'à la côte du Congo. En d'autres termes, le bassin du Tchad dépend économiquement de notre Algérie-Tunisie, si l'on sait ramener vers elle les caravanes qui vont à Tripoli et au Maroc.

L'importance de cette thèse se démontrait sans peine et, de son exécution, pouvait sortir la solution des questions suivantes : démonstration définitive de l'utilité d'un transsaharien qui ramènerait dans nos ports algériens, situés à 48 heures de la Métropole, un trafic destiné à augmenter indéfiniment ; réalisation d'une pénétration africaine du nord au sud, fermée par la mort de Flatters, Palat et Camille Douls ; mise en exploitation rapide de contrées que nous savons être riches et peuplées, d'après les études des grands voyageurs : Barth et Nachtigal. De Béhagle disait encore qu'il est dangereux, en Afrique, de détourner brusquement de sa route séculaire un courant commercial établi, parce que les peuples africains vivent de traditions, et qu'il se forme chez eux des coalitions d'intérêts existants contre les intérêts nouveaux. C'est ainsi que les Anglais, malgré tous leurs efforts, n'ont pas réussi à ramener au Niger le commerce du Bornou. Et c'est ainsi que les Belges du Congo, qui avaient vécu en bons termes avec les Arabes du Tanganyka, maîtres du commerce entre la côte orientale et les grands lacs, par Zanzibar, virent se produire des révoltes sanglantes lorsque les Arabes eurent compris que la politique de l'Etat indépendant visait à les déposséder de leur commerce, en faisant prendre aux produits de ces riches régions les routes qui conduisent à la côte occidentale. La révolte des Arabes eut même une telle gravité, que l'Etat du Congo fut conduit à deux doigts de sa perte.

A la thèse de de Béhagle, je crus pouvoir en superposer une autre, à savoir : qu'il pouvait être prudent de limiter l'extension de l'Islamisme noir, vers le sud, à la ligne de partage des eaux des bassins du Congo et du Tchad. Je n'étais pas d'accord avec mon ami sur la nécessité de laisser les indigènes du Congo embrasser l'islamisme comme un échelon vers la civilisation, dont nous sommes les représentants. Il se peut que cette religion soit assez adéquate à la nature psycho-physiologique du noir ; certains de ses aspects, vus à travers une figure quasi hiératique d'arabe, peuvent paraître séduisants aux esprits les plus élevés. Il me paraissait que l'échelon devait être définitif, et que l'islamisme marquait trop profondément les âmes frustes du continent noir, pour qu'il leur fût ensuite possible de se libérer de ses principales formules et de monter encore vers nous, qui estimons être placés au sommet de l'échelle, d'où nous n'apercevons même pas les horizons qui pourraient nous barrer la route. Et ces formules religieuses de l'islamisme, qui constituent en même temps un code social et une charte politique, ménagent trop de surprises par le réveil sanglant de fanatismes endormis ou de barbaries latentes, pour qu'il puisse être indifférent de s'y exposer. Les prophètes, qui sont des guerriers indomptables et des conquérants fanatiques, sont trop nombreux ou naissent trop facilement en

Afrique, et au moment même où de Béhagle préparait son départ, Rabah, fils d'esclave, parti du sud du Darfour, conquérait — comme je l'ai déjà dit — le Bornou, après avoir saccagé le Baghirmi et fait massacrer Crampel.

Le projet de Béhagle pouvait solutionner ce problème de politique africaine, comme il solutionnait le problème économique.

Enfin, il me paraissait que si l'effort de de Béhagle était fortement soutenu par l'initiative privée, si l'exécution de son plan était appuyée par l'envoi subséquent de missions commerciales chargées de créer des intérêts économiques durables et susceptibles de se relier aux divers syndicats du sud algérien (Biskra-Ouargla et Oued-Rhir), il n'était pas téméraire de penser qu'il y avait là le moyen de créer dans le centre africain l'une de ces compagnies à charte, dont les Anglais avaient su si habilement jouer sur plusieurs points de l'Afrique, et dont M. Etienne, en France, poursuivait sans relâche, mais sans succès, la création. Par là, le Gouvernement pouvait accomplir ses œuvres, sans obérer le budget et sans risquer les complications qu'entraîne toujours une action de conquête administrative ou militaire.

Le voyage de de Béhagle réaliserait la conquête éminemment pacifique, par le développement des intérêts matériels des indigènes, dont les mœurs, les lois, les coutumes, la religion seraient strictement respectés.

C'était faire une application d'un principe qui fut trop souvent violé en Afrique, et qui consacre le respect des nationalités établies et des Etats constitués.

Ces conséquences, que j'entrevoyais comme possibles, du voyage de de Béhagle, étaient faites pour plaire à l'esprit généralisateur de l'ancien compagnon de Mizon ; elles lui apparurent, comme à moi, l'aboutissement nécessaire et logique de son entreprise ; il vit là un aliment solide à son besoin d'activité, à sa soif de vastes entreprises. Sur un court rapport et les considérations que je fis valoir verbalement, le projet fut adopté et la préparation commença.

Elle fut pénible. La Société n'était ni puissante ni riche, nos appuis peu nombreux, incertains et peu préparés même à envisager cette conception ou à la croire possible. Enfin, notre initiative contrecarrait des projets naissants de ce que j'ai appelé plus haut la « conquête administrative », toujours si coûteuse, et qui se continue invariablement par la conquête militaire. Néanmoins, il se constitua un groupement de personnalités qui consentirent des sacrifices, et ce groupement s'appela « le Syndicat du Tchad. » Mais il fallut encore à de Béhagle une longue patience et une ténacité à toute épreuve pour mettre sur pied son projet, cependant que M. Gentil recevait une mission officielle d'exploration au Chari, dont le programme semblait vraiment calqué sur le projet de de Béhagle. Décidément, les bureaux ne voulaient pas laisser à l'initiative privée les mérites d'une telle entreprise.

Cependant, de Béhagle était armé pour la mener à bout. Ancien capitaine au long cours, il avait la pratique des instruments scientifiques et de l'observation des phénomènes de la nature. Ancien administrateur des communes mixtes d'Algérie, il avait longuement étudié la mentalité spéciale des adeptes de l'islamisme, étudié leur religion, leurs lois, leurs coutumes, leurs mœurs. Il connaissait à fond le Coran, il parlait et écrivait l'arabe. A cette science particulière nécessaire à l'explorateur, il joignait une énergie physique et morale comme j'en ai rarement vu d'autres exemples, et qui le faisait capable de tous les héroïsmes.

Peut-être était-il d'un caractère trop entier, trop absolu ; peut-être eût-il fallu près de lui un élément de calme, de pondération ou plutôt de temporisation, car celle-ci est souvent nécessaire, sans que, pour elle, on se détourne du but à atteindre. Mais la personnalité de de Béhagle avait une telle puissance d'affirmation et il en était tellement jaloux que, dès qu'une amitié, si solide fût-elle, lui semblait empiéter sur sa personnalité, et cet empiètement consistât-il seulement à arrondir les angles, d'un mot ou d'un geste il secouait les amitiés, reprenait son indépendance, qu'il avait crue menacée, diminuée.

De Béhagle partit de France en 1897. Il avait avec lui son ancien compagnon de la mission Maistre, M. Bonnel, et un algérien, M. Mercuri. Pour pouvoir exécuter la partie économique de son projet, il avait recruté en Algérie et en Tunisie un personnel spécial, noirs originaires du Baghirmi, du Bornou, du Kanem et du Ouadai, qu'il ramènerait dans leur pays en suivant la route du Congo, et renverrait, de là, vers le sud algérien et le sud tunisien, à la tête des caravanes qu'ils auraient pu organiser : premier commencement de relations commerciales qui pourraient être suivies et rendues de plus en plus importantes ; déviation vers nos ports méditerranéens d'un trafic qui se fait par Tripoli.

De Béhagle, qui avait su abandonner l'idée d'un bateau comme le Léon Blot ou le Jacques d'Uzès, avait fait construire des pirogues en tôle d'acier galvanisé. Ces pirogues, ingénieusement combinées, étaient démontables, possédaient des compartiments étanches et pouvaient être manœuvrées à la pagaie ou bien à l'aide de moteurs à bras actionnant des aubes latérales, elles-mêmes démontables, et dont les roues étaient utilisables à terre ; enfin, elles pouvaient être accouplées, pontées même.

Les difficultés, au début du voyage, furent grandes. Il eût fallu que l'explorateur pût emprunter la voie ferrée de Matadi dans sa partie construite, afin de se rendre à pied d'œuvre par les moyens les plus rapides. Les bateaux demeurèrent dans les rapides du Kouilou-Niari.

De son côté, M. Bonnel revint en France organiser une expédition commerciale, destinée à opérer dans la région du M'Bomou, où des stocks d'ivoire étaient annoncés.

Enfin, après bien des luttes et bien des fatigues, M. de Béhagle et son fidèle compagnon, M. Mercuri, parvinrent sur le Chari, où M. l'administrateur Rousset leur facilita de tout son pouvoir l'accomplissement de leur tâche.

M. de Béhagle se sépara de M. Mercuri, auquel il confia une mission auprès de Senoussi, celui-là même qui avait assassiné Crampel, et se dirigea définitivement au nord, vers sa destinée.

Des régions du bas Chari, il fallait contourner le lac Tchad, et pour ce faire, deux routes se présentaient à l'explorateur : le bord oriental, la route du Kanem, la voie la plus sûre, par où il pouvait se rencontrer avec la mission Foureau-Lamy, partie d'Algérie ; le bord occidental, à travers des territoires qui n'étaient pas sous l'influence française.

Mais comme, en suivant cette dernière route, l'explorateur devait fatalement rencontrer le puissant et farouche chef de bandes Rabah, il était d'avance certain que ce serait là la route choisie par lui, et que la rencontre du voyageur et du conquérant se ferait, quoi qu'il pût et dût arriver.

En effet, elle eut lieu à Dikoa.

De Béhagle avait annoncé dans son projet qu'il tenterait un compromis politico-économique avec Rabah, et tout permet de croire qu'il y serait peut-être arrivé. Les renseignements recueillis après coup par les missions victorieuses de Rabah, semblent prouver que les deux hommes ne s'étaient pas, dès le premier abord, violemment heurtés ; que même ils avaient, à plus d'une reprise, conversé ensemble. Mais les défiances du potentat noir s'étaient manifestées lors de l'exécution par le blanc de levés topographiques. Malgré cela, l'explorateur avait obtenu son audience de congé.

Jusque là sans doute, et c'est ce qui avait pu permettre l'entente, il n'avait été question que d'intérêts commerciaux, de Béhagle faisant entrevoir à Rabah les gains énormes qu'il pourrait réaliser, en se faisant l'intermédiaire et comme l'associé des blancs, en favorisant les échanges par caravanes... A la fin de l'entrevue, il eut l'imprudence de parler politique. Essaya-t-il de lui démontrer que les conquêtes qu'il venait de faire n'avaient pas de base solide et qu'il était dans l'obligation de s'entendre avec la France, de faire consacrer par elle ses nouveaux droits et fixer les limites définitives de son ou de ses Etats ? Peut-être les papiers de de Béhagle portent-ils trace de cette discussion. Quoi qu'il en soit, Rabah, dont la première exploration de Gentil n'avait pas été sans soulever les craintes et la méfiance, et qui était sans doute tenu au courant, par ses émissaires, des mouvements de l'administrateur Bretonnet, s'emporta, et prenant l'assistance à témoin que ce chien de chrétien faisait de la politique et n'était venu que pour l'espionner, il le fit arrêter, emprisonner et garder à vue. De Béhagle le prit de très haut, l'injuria, lui rappela son origine et l'assura que, pour un Français comme lui disparu, il en reviendrait mille.

A ce moment, le bruit courut en France que de Béhagle avait été enfermé dans une case et condamné à mourir de faim.

Peu de temps après, juillet 1899, Rabah se portait au-devant de Bretonnet, qui s'avançait avec seulement quarante hommes, et le massacra, lui et sa troupe, à Niellim.

Et ce fut bien là la véritable cause de la mort de de Béhagle. Sans la marche de Bretonnet, l'entretien orageux de Dikoa n'aurait été peut-être qu'un incident. L'attitude hautaine de l'explorateur, tout en excitant la colère de Rabah, lui en avait imposé cependant, puisqu'il n'avait pas donné sur le champ l'ordre de mise à mort. Avec un peu de temporisation et de diplomatie, l'on eût peut-être amené Rabah, qui se faisait vieux et devait se sentir fatigué par plus de dix ans de guerre, à concevoir un rôle tout différent de celui qu'il avait joué jusque là. Qui sait si, sous le protectorat français, il n'eût pas organisé un Etat prospère et fait de la rive méridionale française du Tchad un pays aussi riche que le Bornou, avant qu'il l'eût saccagé !.. Les hommes comme Rabah sont de grandes forces qu'il faut essayer d'utiliser, avant de songer à les briser.

Après sa victoire de Niellim, Rabah envoya à son fils l'ordre de pendre le blanc.

De Béhagle montra jusqu'au bout le même courage, la même fermeté, et il annonça à ses bourreaux qu'ils ne mourraient pas eux-mêmes dans leur maison. La potence était dressée sur la grande place de Dikoa : quelques instants après, le corps de l'explorateur se balançait dans l'air, lamentablement.....

De Béhagle, qui était un colonial éclairé et convaincu, un patriote ardent et un cœur d'or sous sa rude enveloppe, méritait mieux que cette fin solitaire par un genre de mort inouï dans nos annales africaines.. il méritait surtout que les haines sourdes et hypocrites qui lui avaient rendu si pénible la lutte pour le triomphe d'une idée, ne vinssent pas le poursuivre jusque dans la case où il était prisonnier, en le soupçonnant d'avoir tiré contre les troupes françaises les canons que Rabah avait enlevés à Bretonnet !... Lorsque je me remémore cette lutte, dont je connais les menus incidents, et qui ne devait finir qu'avec la mort, il me revient aux yeux cette larme que je sentis perler en quittant de Béhagle à la gare de Lyon, dont j'aperçus la pareille derrière ses cils à lui, et que, par un effort de volonté, nous refoulâmes tous les deux, quoique également certains de ne plus nous revoir !...

L'idée de de Béhagle subsiste, a toujours sa même valeur. La jonction, sur les rives du Tchad, des missions Foureau-Lamy, Joalland et Gentil, qui constitue un événement de politique africaine considérable, digne de clore le XIXe siècle, a laissé intact le problème économique.

Solutionnera-t-on celui-ci par une action administrative et militaire excessivement coûteuse et susceptible d'incidents, ou par une entreprise calquée sur celle de de Béhagle ? Je souhaite que ce soit par ce dernier procédé.

*
* *

Revenons un peu en arrière.

En 1893, M. Liotard avait été envoyé dans le Haut-Oubanghi, pour s'opposer, par les moyens pacifiques, aux empiètements incessants des Belges au delà des limites du 4e degré, qui leur avaient été reconnues, et pour préparer l'extension de nos propres territoires vers le nord et le nord-est, dans la direction du Darfour et du Bahr-el-Ghazal. Mais l'ardeur des officiers belges était telle, que plus d'une fois les fusils furent prêts à partir d'un poste à un autre, et qu'il fallut tout le sang-froid et toute l'habileté de M. Liotard pour éviter des incidents sanglants, dont le retentissement en Europe eût été considérable. C'est surtout en 1894 que l'animosité des Belges atteignit son maximum.

Pendant ce temps, la délimitation définitive du Congo français avec le Cameroun allemand, s'effectuait péniblement, mais sans incidents, en Europe même, par un acte diplomatique signé à Berlin. L'un des plénipotentiaires français était le commandant Monteil, qui venait d'accomplir son voyage de St-Louis à Tripoli par le lac Tchad.

Le roi Léopold, souverain de l'Etat indépendant, ne réussissant pas à se faire reconnaître par la France des droits à occuper le Bahr-el-Ghazal, conclut avec l'Angleterre un traité par lequel il se faisait donner à bail cette province, qui n'appartenait ni à l'Angleterre, ni à l'Egypte, mais qui rentrait dans notre sphère d'influence.

Je ne ferai pas ici l'exposé détaillé de cette question, pourtant très importante : je l'ai fait ailleurs, et quelques-uns d'entre vous en ont eu connaissance. Qu'il me suffise de dire que l'Allemagne et la France protestèrent énergiquement contre cette convention, et qu'elle fut détruite, quelques mois après, par une convention franco-belge fixant des limites précises à l'Etat du Congo. A l'occasion de cette convention, le colonel Monteil reçut l'ordre de partir sur le Haut-Oubanghi. Le commandant Decazes, son second, arriva seul sur le M'Bomou et apporta à M. Liotard l'appui de ses troupes.

Deux ans après, la mission Marchand prenait la route du Congo avec tous les moyens nécessaires pour explorer le Bahr-el-Ghazal et s'installer à Fachoda, sur le Nil, où d'autres missions devaient la rejoindre.

La suite des événements est encore présente à vos mémoires. Vous n'avez pas perdu le souvenir de ces heures pendant lesquelles deux grandes nations semblèrent se mesurer pour une guerre sans merci. Etait-ce pour quelques kilomètres carrés de pays à demi marécageux ? Non, certes. Ce qui était en jeu, c'était une politique séculaire, celle de la France en Egypte, depuis Napoléon Ier avec ses bataillons et ses savants, jusqu'à nos jours avec le percement de l'isthme de Suez ; c'était la conquête hypocrite par l'Angleterre de cette Egypte que nous avions supposée définitivement française ; c'était une question de prépondérance en Afrique et dans le monde ; c'était la possession des portes de la Méditerranée : Gibraltar et Suez. Voilà ce que contenait implicitement l'incident de Fachoda et ce qu'une diplomatie plus vigilante, plus avisée, plus prévoyante, plus méthodique et plus ferme pouvait conserver à la France ou devait empêcher.

La guerre fut sur le point d'éclater, guerre qui fût venue raviver cette vieille haine de la France et de l'Angleterre, haine logique, par conséquent froide et tenace, qui a son aliment dans la différence des intérêts aussi bien que dans la différence du tempérament et du caractère des deux races ; guerre qui eût occasionné le recommencement des hauts faits maritimes des Jean Bart et des Duguay-Trouin, puisqu'il était question. à ce propos, de rétablir la guerre de courses ; guerre qui nous eût peut-être épargné d'avoir dans l'Afrique du Nord cette autre tache noire, cette autre Alsace-Lorraine qu'est l'Egypte ; qui eût peut-être montré au monde étonné la faiblesse et la fragilité de la moderne Carthage ; qui eût sauvé le petit Transvaal de cette guerre monstrueuse qui lui est faite et qui afflige le monde entier..... Toutes ces choses vibrèrent dans l'âme de la foule, quand la mission Marchand revint en France après avoir, non seulement effectué ce voyage qui excita l'admiration de nos ennemis eux-mêmes, mais surtout après avoir symbolisé la politique française sur le Nil et dans le monde... Tous ces sentiments vibrèrent dans vos âmes. Unissons-nous, même encore aujourd'hui, pour envoyer nos hommages et notre souvenir aux héros de Fachoda !...

A la suite de ces événements fut signée la dernière convention qui déterminait les limites au nord et au nord-ouest du Congo français.

Aujourd'hui, le Congo est bien relié à l'Algérie par une suite non interrompue de territoires français. Le symbole rêvé et voulu par Crampel a été réalisé par la rencontre, sur les bords du lac Tchad, des trois missions : Foureau-Lamy ; Joalland, ancienne mission Voulet-Chanoine ; Gentil. La première, venue du nord ; la seconde, venue de l'ouest ; la troisième, venue du sud. La puissance de Rabah est détruite, celui-ci ayant été tué, non sans faire une nouvelle victime dans la personne d'un chef vaillant, le commandant Lamy, enseveli dans son triomphe.

Il reste à tirer un parti utile de notre vaste domaine africain, et en particulier du Congo.

***

Comme il est impossible aux Européens d'exploiter eux-mêmes directement le sol dans les colonies de l'Afrique équatoriale, force leur est bien de se servir de l'indigène. L'une des premières préoccupations, quand on cherche à établir la valeur économique d'un pays comme celui-là, est donc d'arriver à définir la valeur elle-même des populations qui l'habitent. Quelles sont leurs cultures et leurs industries ? quelle est leur énergie au travail ? qu'ont-elles déjà fait du pays au point de vue de l'exploitation du sol ou du commerce ?

Il faut dire tout de suite que l'indigène du Congo est loin de ressembler à celui du Soudan, par exemple, qui possède de nombreux troupeaux et cultive, en quantités, des produits d'alimentation comme le mil, ou des produits d'exportation, comme l'arachide. Il ressemble encore moins à l'Annamite, qui a créé d'immenses rizières et possède une industrie, peu développée sans doute, mais des plus intéressantes. Le noir du Congo semble avoir une confiance absolue, illimitée, dans la richesse et l'inépuisabilité de la nature équatoriale. Autour des villages, quelques plantations de manioc, peu étendues ; quelques bananiers, quelques pistaches, quelques pieds de maïs, et c'est tout. Ceci est la règle à peu près générale ; nous trouverons, au cours de cette revue, des exceptions.

C'est la femme qui cultive le champ et le potager. L'homme pêche, chasse... et palabre. Palabrer, c'est discuter : le noir est un grand palabreur devant l'Eternel. A propos de tout et à propos de rien, il palabre, et, dans la palabre, c'est à qui prononcera, non pas peut-être le meilleur, mais le plus long discours, avec le plus d'animation et le plus de gestes.

Il est impossible de faire, en quelques minutes, un tableau complet des mœurs indigènes : il y faudrait une étude complète dont chaque chapitre vaudrait une conférence. Le mieux est d'en laisser les divers points disséminés dans notre sujet, plus général, et de noter simplement au passage les traits qui se présenteront à nous d'eux-mêmes, quitte à en laisser beaucoup dans l'ombre.

Les populations ou races qui habitent le Congo, quoique appartenant toutes à la même souche bantoue, offrent entre elles des différences marquées, et ces différences s'accusent dans le type, dans le langage, dans les coutumes, dans le costume, dans les formes de leurs instruments divers, dans celles de leurs cases, dans leur habillement, dans la disposition de leurs tatouages. L'étude comparative d'ensemble n'a pas encore été faite.

Au Gabon, vivent les derniers représentants d'une race qui était belle, intelligente et commerçante : le Gabonais ou M'Pongwé. L'on peut dire que la civilisation, telle du moins qu'elle est trop souvent pratiquée, l'a tuée, car les Gabonais n'ont su emprunter aux blancs que leurs défauts ou leurs vices, parmi lesquels l'alcoolisme. Les ravages que celui-ci exerce sont d'autant plus rapides, foudroyants même, peut-on dire, que l'alcool importé n'est autre que le plus abominable trois-six fabriqué à Hambourg avec toutes sortes de grains.

Tous les matins, les Gabonais et Gabonaises vont faire leurs petits achats, soit au marché, soit à la factorerie : en allant ou en revenant, l'échange des rasades d'alcool constitue les politesses réciproques. J'ai vu des mères donner à boire le fond des tasses à leurs enfants encore à la mamelle. Les maladies, variole et syphilis, achèvent l'œuvre de l'alcool.

Au point de vue main-d'œuvre, on trouve parmi les Gabonais quelques ouvriers de métier, spécialement des menuisiers formés à l'école des Pères. L'on recrute aussi parmi eux quelques écrivains ou contremaîtres.

Le Gabonais sera prochainement remplacé par le M'Fan ou Pahouin. Celui-ci vient du nord-est, sans que l'on ait pu encore déterminer d'une façon absolument précise de quelle région. C'est, peut-on dire, un exode qui s'accomplit lentement, suivant la loi presque absolue des migrations humaines, de l'est à l'ouest, vers les pays où le soleil se couche. Les Pahouins ont fait leur apparition au nord du Gabon ; ils sont aujourd'hui sur l'Ogooué, et il est probable qu'ils s'étendront progressivement sur toute la côte, là où la force de résistance des premiers occupants est moindre. Querelleurs, palabreurs, batailleurs, ils repoussent ou absorbent les indigènes, souvent même en les mangeant, car ils pratiquent l'anthropophagie. Ils dévastent rapidement les régions où ils s'installent, car leurs plantations de manioc sont toujours faites en pleine forêt, dans le fond le plus riche en humus et, pour les faire, ils n'hésitent pas à abattre et brûler les plus beaux arbres. A part cela, industrieux, capables de réparer leurs fusils à pierre ou à piston, dont ils sont grands amateurs et qu'ils portent presque toujours avec eux.

Un missionnaire du Gabon, le R. P. Trille, a fait des Pahouins une étude particulière des plus documentées, car il les fréquente et les étudie depuis longtemps et parle leur langue.

M. de Brazza espérait beaucoup de cette race, mais elle n'a pas encore donné, loin de là, tout ce qu'on attendait, même dans la milice, qui semblait devoir et pouvoir utiliser leur affection pour la poudre et la bataille.

En descendant la côte, on trouve des populations douces mais sans caractères bien marqués : Cap-Lopez, Mayumbés, Bakalais, etc. : pêcheurs sur le bord de la mer, pêcheurs dans les lagunes, pêcheurs sur le fleuve. Parmi eux, quelques rares spécimens de nains, étudiés par Mgr Le Roy.

Voici les Loangos, l'une des races de la côte qui ont abondamment fourni à l'exportation aux temps de l'esclavage et de la traite des noirs. Nous les trouvons spécialement adonnés aux portages par caravanes. Toutes les missions d'exploration dont j'ai précédemment raconté l'histoire ont eu besoin d'eux. Pour aboutir au point où le Congo devient navigable, il y a 600 kilomètres à parcourir par voie de terre, en suivant les sentiers indigènes qui traversent la grande forêt et gagnent les plateaux batékés du Stanley-Pool. Les marchandises d'échange, les approvisionnements en vivres et munitions étaient divisés en colis de 30 kilogr., constituant la charge d'un porteur. S'il s'agissait de pièces de bateaux démontables, les charges étaient plus lourdes, mais nécessitaient plusieurs porteurs. Les porteurs étaient payés, au début, une somme de 30 fr. pour le voyage, qui durait, aller et retour, deux mois et demi. Et les caravanes, plus ou moins nombreuses, suivant les cas, car il y avait des caravanes pour les commerçants, se succédaient sur le sentier étroit, tortueux, indéfiniment long et adapté à toutes les courbes de niveau.

A cette besogne, toujours croissante par l'augmentation indéfinie des charges à transporter, la race, depuis longtemps déjà viciée par le contact immédiat de trafiquants sans scrupules, s'avilissait chaque jour davantage, tendait de plus en plus vers la disparition. Elle était devenue insuffisante au trafic, les mêmes équipes ne pouvant fournir plus de cinq voyages en deux ans. Cependant, les exigences de la colonisation grandissant toujours, les prix du portage avaient suivi aussi une marche ascendante : en quelques années, chaque porteur était arrivé à coûter plus de 60 fr., ce qui mettait à plus de 2 000 fr. le prix de la tonne marchande. Et, malgré tout, les charges s'accumulaient à Loango : il y eut, un moment, un stock de plus de 30 000 charges en retard.

Ces deux raisons, sociale et commerciale, rendaient indispensable la création d'une voie ferrée. Celle-ci existe et j'aurai à en parler. Mais quelle influence définitive le chemin de fer exercera-t-il sur l'ensemble des Loangos ? Deviendront-ils partie agriculteurs, partie ouvriers de métiers ? Il serait peut-être téméraire de pronostiquer. Leur goût et leurs aptitudes pour le service de l'Européen vont se développant toujours : il y a peu de Loangos qui n'aient été boys. Ce sera, je crois, et c'est déjà *race de domestiques*.

Vers les sources de l'Ogooué et dans la région située entre le Pool et l'Alima, se trouvent deux races des plus intéressantes au point de vue de la colonisation : ce sont, en effet, de grands agriculteurs et d'habiles commerçants. Outre les cultures vivrières nécessaires à leur subsistance, les Achikouyas et les Batékés cultivent le tabac sur de grandes surfaces, et ce tabac fait l'objet d'un grand commerce. Dans tout le bas Congo depuis longtemps, dans le Congo et l'Oubanghi aujourd'hui, ces tabacs, qui n'ont qu'une préparation sommaire et sont souvent attaqués par les insectes, peuvent économiser l'importation des têtes de tabac d'Amérique.

A ce point de vue il eût valu, me semble-t-il, que la Colonie essayât d'amener ces indigènes à perfectionner leurs procédés de préparation aussi bien que leurs méthodes de culture, un peu trop primitifs. Le Congo peut fournir d'excellent tabac, sinon pour l'importation dans la métropole, au moins pour sa consommation totale.

Ce que la Colonie n'a pas fait, les Sociétés de colonisation le feront, si elles comprennent leurs intérêts.

Comme il ne saurait être question ici d'énumérer, en les étudiant succesivement, les diverses populations qui occupent les territoires du Congo français, je me contente de vous signaler les principales.

En remontant les deux grands affluents du Congo, la Sangha et l'Oubanghi, on trouve des populations qui, pour porter des noms différents, n'en présentent pas moins quelques analogies d'ordre général : dans les deux bassins, il y a des anthropophages, les plus connus sont ceux de l'Oubanghi, appelés Bondjos. La barbare pratique des festins atteint, chez ces derniers, les limites de la fréquence et de l'horrible. Les hommes portent des colliers de dents humaines. L'arbre fétiche, qui domine les cases et se trouve généralement au milieu de la place dessinée par les cases du chef et de ses femmes, est chargé de crânes blanchis par le soleil ; on en trouve d'autres accrochés aux buissons des sentiers qui avoisinent l'agglomération. A l'apparition du blanc, les crânes sont habituellement enlevés, car ils savent que celui-ci est l'ennemi de ces pratiques. Cela ne les empêchait pas, il y a quelques années encore, de choisir parmi eux leurs victimes. C'est ainsi que le F. Séverin, de la Mission catholique du Bangui, fut massacré avec un de ses noirs, et leurs deux corps, lacérés, déchiquetés, servirent à l'une de ces fêtes monstrueuses, hideuses, qui salissent la belle nature équatoriale. A la même époque, le corps de Paul Comte, qui s'était noyé dans les eaux de l'Oubanghi, fut repêché et mangé.

Toute la région de Bangui, y compris ce poste, était par eux rendue inhabitable. Les attaques isolées se produisaient à quelques pas de la mission ou des cases de l'administrateur, et, pour employer une expression forte, les blancs étaient obligés, « pour seulement aller aux cabinets », de s'armer de leurs fusils ou de se faire accompagner d'une garde.

Aujourd'hui, il semble que ces féroces anthropophages aient compris les dangers qu'il y avait de s'attaquer aux blancs, et ils semblent se résigner à n'exercer qu'entre eux leurs sauvages instincts. Il sera bien difficile de les leur faire perdre.

Les récits des voyageurs abondent de renseignements sur ces populations. Quant au détail précis de leurs coutumes, c'est auprès des missionnaires qu'il les faudrait recueillir : mieux que tous autres, par les enfants qu'ils arrachent à la marmite qui les attendait, ils peuvent être documentés.

J'ai remarqué, en passant dans les villages bondjos, que les hommes étaient mieux construits et plus beaux que les femmes. Celles-ci ne sont réellement agréables à voir que dans leur jeunesse. Il semble que le mariage, dont elles ont à supporter presque toutes les charges et les fatigues, soit pour elles le pire esclavage.

A côté même de ces populations d'un approche plutôt dangereux, vivent des races qui présentent un contraste absolu. De mœurs très douces et d'aspect rieur : ces deux traits les définissent, ce sont les Banziris. Et, de même que les Loangos étaient spécialement adonnés aux portages sur la route des caravanes, de même les Banziris sont spécialement adonnés au pagayage sur le haut Oubanghi.

Ils montent des pirogues de 16 à 20 mètres de long, qu'ils manœuvrent partie à la pagaie, partie à la perche (*tombo*). Ces pirogues peuvent porter de une à trois tonnes, suivant leurs dimensions et suivant aussi la hauteur des eaux et la force du courant. Les convois de pirogues se mettent en marche dès le lever du jour et ne s'arrêtent qu'à la nuit ou en cas de tornade : c'est dire que la résistance de ces noirs à la fatigue est considérable. On les voit, sans que la pagaie cesse son mouvement cadentiel, grignoter un épi de maïs grillé ou un bâton de manioc. La manœuvre est soutenue par des chants ou mélopées interminables, dont quelques-unes ont un caractère musical et joli. Le plus curieux de cette manœuvre est l'emploi de la perche. Trois ou quatre Banziris sont debout à l'avant de la pirogue, disposé en plate-forme, et successivement ils plongent la perche dans l'eau en imprimant à la pirogue une série de secousses, et courent ensuite, arc-boutés sur la perche, sur le rebord étroit de l'embarcation. Ils vont et viennent ainsi sur cette surface des plus restreintes, sans jamais se bousculer, se heurter ni entre-choquer leurs instruments. La photographie de ces hommes donne de merveilleuses académies.

Au passage des rapides, leur habileté est simplement effrayante. S'agit-il de les franchir à la montée, les bustes se penchent sur le rebord, le mouvement des pagaies s'accélère, marqué par un sifflement général donné en cadence, tandis que les hommes à la perche redoublent leurs efforts, piquant leurs instruments sur les angles des roches toujours prêtes à éventrer l'embarcation. Qu'une perche vienne à glisser sur la pierre polie par les eaux, et la pirogue chavire... les caisses allant au fond, les hommes roulés par le courant. Il faut dire, à la louange de ces noirs, que, dans ce cas, leur préoccupation à tous est le sauvetage du blanc, qui s'en tire généralement avec un bain forcé et quelques meurtrissures. Quelques-uns, cependant, y sont demeurés.

Parfois le courant est trop fort, l'eau bouillonnante envahit par paquets volumineux la pirogue ; il faut renoncer à la lutte. On accoste alors la rive et l'on transporte les charges par terre à travers les roches découvertes, les marigots ou les troncs d'arbres, jusqu'au delà des rapides. Ce sont les mêmes pagayeurs qui effectuent ce transbordement. La pirogue lestée peut ensuite franchir le rapide à la cordelle.

C'est ainsi que nous dûmes procéder, l'évêque de Brazzaville, Mgr Augouard et moi, au rapide de l'Eléphant. Il était midi quand le rapide fut franchi. Nous avions déjeuné en pirogue, le cuisinier faisant sa cuisine à l'arrière, à l'aide de tisons posés sur un lit de terre glaise. Je me souvins alors que nous étions à la date du 14 juillet. De l'une de mes malles en fer, je songeai à extraire une bouteille de champagne : j'en avais trois, dont deux étaient pour être offertes, et la troisième constituait une réserve en cas de bilieuse hématurique. Et gaiement, devant cette puissante nature africaine, sous l'ardent soleil, lampion éternel du monde et de ses décors variés, au bruit mugissant des eaux furieuses dans les roches, nous vidâmes une coupe de champagne en buvant à la gloire et à la prospérité de la France !... Le champagne n'était pas frappé... les coupes étaient des tasses en tôle émaillée... mais nos sentiments d'ardent patriotisme étaient à l'unisson de ceux des amis que nous avions laissés dans la mère patrie.

Le passage des rapides, à la descente, n'est pas moins émotionnant qu'à la montée, mais ici les pagaies s'arrêtent ou ne fonctionnent que pour résister à la vitesse du courant qui emporte la pirogue avec une rapidité vertigineuse. Le barreur d'arrière combine ses mouvements avec les deux hommes à la perche qui sont à l'avant, et ceux-ci surveillent attentivement l'apparition des roches sur lesquelles irait se briser ou se déchirer la pirogue : la perche sert à les éviter en déviant l'axe de l'embarcation. Cela dure quelques instants à peine... juste le temps de se dire : voilà la pierre qui va nous arrêter et nous faire chavirer, et d'avoir le plaisir, troublé du reste par une nouvelle appréhension, de constater qu'on a seulement frôlé le récif. Au sortir du rapide, les remous du courant impriment à la pirogue une série de mouvements pivotants, sorte de danse aquatique des plus désagréables.

Dans les rapides, il faut se fier aveuglément à l'habileté des indigènes, formés dès le plus jeune âge à ce danger. Chaque équipe, en effet, a trois ou quatre gamins à l'apprentissage, qui servent en même temps de boys. En redescendant de la Kemo à Bangui, j'ai franchi le dernier rapide situé en face du poste, à 7 heures du soir. Le chef piroguier m'avait dit, malgré l'heure tardive : nous pouvons passer. Et, debout à l'avant de la pirogue, en arrière des hommes à la perche, adossé à l'abri qui constitue la cabine du blanc et un pied sur chaque rebord, j'ai pu en même temps étudier attentivement la manœuvre et analyser mes sensations. N'empêche qu'aussitôt débarqués, mon sénégalais chef de convoi s'approchait de moi et me disait : « Tu sais, commandant, ça c'est bon quand il y a soleil ; mais quand il y a pas soleil, c'est pas bon... »

Les Banziris sont payés, par jour, une cuillerée de perles à titre de ration et une cuillerée à titre de paiement. Avec cela, ils se procurent aisément ce qui est nécessaire à leur subsistance. Ils ont rendu jusqu'ici les plus grands services. C'est ainsi qu'au moment du passage de la mission Marchand, l'administrateur de Bangui, M. Bobichon, chargé en ce point des transports de la mission, put réunir 175 pirogues et 2 200 pagayeurs qui transportèrent les 6 000 charges de la mission pour la somme brute de 13 860 francs. Cette somme n'est pas le prix de revient exact du transport, car il faut faire entrer en ligne de compte les cadeaux aux équipes en fin de voyages : étoffes, miroirs, couteaux ; la nourriture et le paiement des équipes pendant les intervalles forcés du voyage. En réalité, le prix du kilogr. revient de 0 fr. 16 à 0 fr. 20, alors que, sur le chemin de fer de Matadi, il est de 1 franc.

Mais, quels que soient les services rendus par les Banziris, il faudra remplacer le piroguage, dans la région des rapides, par la voie ferrée, sur une distance de 60 kilomètres, et le coût du kilogr. s'élèvera à 0 fr. 50, mais avec les avantages d'une rapidité et d'une sécurité plus grandes.

Nous arrivons aux régions les plus éloignées de la colonie, d'un côté sur la Haute-Sangha, de l'autre côté sur le Haut-Oubanghi. En ces deux points, l'état politique et social des populations, envisagées dans l'ensemble, est plus avancé, plus complet. L'autorité des chefs s'étend sur de plus grandes surfaces. Dans le reste de la colonie, les *rois* de pays n'ont sur leur royaume que des droits nominaux, leur puissance ne dépassant guère les limites du village qu'ils habitent. Ici, la puissance embrasse réellement un pays tout entier, et il y a des embryons d'organisation pour la représentation politique du chef, pour la perception de l'impôt, pour le service de la justice et le service de la guerre. Mais tout cela, avec des degrés dans le perfectionnement, à mesure que se fait plus immédiat le contact des populations musulmanes du centre africain qui, elles, ont une organisation assez avancée, décrite jadis par les grands voyageurs et par Monteil ou Mizon. Cela va, comme désignation, du chef de tribu au sultan, et la puissance de ces chefs divers se mesure non seulement au nombre de villages où leur parole est écoutée, où leur personne est représentée, à l'importance des tributs qui leur sont payés, au nombre d'hommes de guerre qu'ils peuvent mettre en ligne ou d'esclaves et de femmes qu'ils possèdent, à leur richesse personnelle en ivoire, étoffes, fusils et poudre, mais encore au degré d'absolutisme de leurs commandements.

Dans la Haute-Sangha, le Haoussa tend à prédominer : il s'infiltre parmi les populations autochtones : Saras, Baïas, etc. Il les exploite sans vergogne et, soit qu'il s'adresse ensuite pour son commerce aux factoreries de la région, soit qu'il remonte vers l'Adamaoua, le Bornou et le Sokoto d'où il vient, il se fait l'intermédiaire commercial dont la concurrence, pour l'Européen, est plutôt dangereuse. L'esprit commerçant de la race haoussa est trop connu pour que j'insiste davantage.

M. de Brazza les attirait jadis vers la Sangha, comptant qu'ils détourneraient vers nos comptoirs les productions du Haut-Cameroun allemand et de l'Adamaoua, dont la capitale Yola, visitée par Mizon, est en litige entre l'Angleterre et l'Allemagne. Qu'ils aient ramené vers la Sangha une partie des produits du Cameroun allemand, c'est possible, et il existe à la frontière des deux colonies une société germano-belge qui rachète ces produits. Mais à quel point faut-il tabler sur la collaboration commerciale des Haoussas ? C'est ce que seule une enquête commerciale, très longue et difficultueuse, pourra faire connaître. On sait que les règles commerciales de ces gens-là n'ont rien de fixe et qu'ils ne font pas, comme nous, entrer en ligne de compte la distance ni le temps. Telle région manque de tel produit ? ils l'apportent et s'en retournent avec ceux qui manquaient dans celle d'où ils sont venus. Le bénéfice est net pour eux, le chapitre frais généraux n'existant pas.

Et puis, leur commerce se double toujours d'une action politico-religieuse vis-à-vis des races autochtones.

Le problème économique serait bien intéressant à élucider.

Dans le Haut-Oubanghi, à côté des Boubous qui massacrèrent de Poumayrac et qui furent ensuite châtiés par le duc d'Uzès et le lieutenant Jullien, se trouvent les N'Sakkaras étudiés par Paul Comte. Leur chef, Bangasso, qui porte le titre de sultan, n'a rien du sultan. Au point de vue politique, c'est un grand chef, qui tient le milieu entre les chefs Bondjos, par exemple, qui commandent à des agglomérations de 3 000 à 4 000 individus, et les sultans voisins de Rafaï et Semio, qui commandent directement ou par leurs fils à toute une région. Au point de vue social, il n'est pas prouvé qu'il ne pratique pas secrètement l'anthropophagie, et quand il vient de razzier les Boubous ses voisins, plus d'un prisonnier de guerre doit servir aux festins.

Bangasso a été créé sultan par les Belges en 1893-1894, pour les besoins de la politique d'extension vers le Bahr-el Ghazal, qu'ils menaient à cette époque à l'encontre de la nôtre, en partie liée avec l'Angleterre.

Bangasso, comme ses voisins les autres sultans, possède encore les fusils à tir rapide que les officiers belges leur donnaient en cadeau en violation de l'acte de Berlin ; il a son grade dans l'armée de l'Etat, et je crois savoir qu'il reçoit encore la subvention de 40 000 fr. par an que lui versait l'Etat. Il y a toute une enquête à établir sur ces différents points et quelques autres qu'il serait trop long d'examiner ici, vis-à-vis de ces chefs indigènes auxquels, sans que je puisse comprendre pourquoi, nous avons attribué la qualité de *chefs alliés*.

Les sultans voisins, Rafaï (aujourd'hui mort et auquel a succédé son fils Hetman) et Semio, commandent à la race Azandé ou Niam-Niam. Cette race est des plus intéressantes. Peut-être, au temps de Schweinfurth, pratiquait-elle l'anthropophagie. Il n'y paraît plus aujourd'hui. Mais elle pratique encore la traite, en se cachant, depuis l'installation définitive des Européens dans le pays. Les Arabes venus par le Darfour ne razzient plus ; mais l'échange se fait à l'amiable, amenant une dépopulation dont on peut suivre les progrès. L'action des Européens, fonctionnaires et commerçants, devra viser de toute nécessité à combattre énergiquement cette pratique.

Les sultans ont été quelques années au contact des Egyptiens, avant la révolte des Madhistes. Ils en ont gardé un certain vernis d'islamisme qui ne va pas jusqu'à la conviction religieuse habituelle, puisque les sultans ne font pas la prière ; ils en ont gardé aussi le goût des choses européennes, et cette raison n'a pas été sans favoriser le succès des Européens, Belges d'abord, Français ensuite, auprès d'eux. Les armes perfectionnées, les costumes, les chaussures, les objets d'ameublement ou de cuisine sont demandés par eux en cadeaux périodiques. Et il se forme assez aisément chez eux des ouvriers, armuriers et selliers capables de travailler habilement.

C'est, somme toute, une race intelligente et perfectible qui s'assimilera les enseignements que nous leur porterons et appliquera les méthodes que nous leur enseignerons.

Les traits de mœurs abondent et sont intéressants : ils ont été récemment rassemblés et publiés par un membre de l'expédition commerciale de M. Bonnel, M. Raymond Colrat.

Le plus caractérisé est l'existence de la polygamie par achat des femmes, ce qui amène les pauvres à n'en pas avoir. Les sultans comptent les leurs par centaines et peut-être même, en raison de leur autocratie reconnue, ont-ils théoriquement la possession de toutes les femmes de leur sultanat et dont ils peuvent disposer à leur gré.

Ils ont des soldats dont ils peuvent mettre en ligne un contingent important. A eux deux, Rafaï et Semio pouvaient fournir à Marchand, si cela fût devenu nécessaire, par exemple contre les bandes Madhistes qui parcouraient le haut Nil, près de 8 000 hommes armés, pour moitié, de fusils à tir rapide.

Sans être continu, le système de la corvée existe à l'usage du sultan, et l'expédition Marchand a pu se procurer aisément le nombre d'hommes nécessaire au transport de ses approvisionnements ou de son matériel.

Au point de vue de la colonisation européenne, ces éléments politiques et sociaux constituent comme une garantie de succès. L'autorité des chefs servira pratiquement à amener ces populations à une production agricole et commerciale de plus en plus régulière, capable de compenser les sacrifices que nous avons pu faire pour nous assurer la possession de ces territoires. De renseignements particuliers reçus tout récemment, il résulte que le cercle administratif du Haut-Oubanghi pourra, dans un an, se suffire financièrement à lui-même. Le cercle de la Haute-Sangha est dans une situation aussi heureuse. Et si l'on rapproche ces résultats de ceux acquis dans d'autres colonies, on peut augurer favorablement de la colonisation française en Afrique.

* * *

Nous venons de passer en revue, un peu longuement peut-être, les populations qui habitent le Congo. C'était nécessaire, car il ne suffit pas de faire le relevé plus ou moins complet des richesses végétales ou minérales d'une colonie, il faut encore savoir si la main-d'œuvre qui les exploitera existe, abondante et habile. A ce compte, le Congo français est moins bien partagé que d'autres colonies; cependant, il ne faut pas désespérer de voir des modifications se produire, et, dans tous les cas, il faut travailler à les obtenir, car l'Européen a, dans ces régions, un besoin absolu de l'indigène. Le prélèvement de l'impôt en nature aura une heureuse influence à ce point de vue.

Jusqu'à ce jour, le commerce du Congo français, à l'exportation, n'a guère porté que sur l'ivoire, le caoutchouc, l'ébène, le bois rouge, l'okoumé, le bois jaune, le piassawa, le copal, la noix et l'huile de palme, les graines d'owala, le café et le cacao. Il est indiscutable que le Congo peut fournir bien d'autres produits ; encore, par exemple, le maïs, le tabac, les plantes pharmaceutiques, des gommes, certains minerais, des fibres textiles, des peaux, etc. Mais l'usage général du commerce de troc à la côte et l'installation de Sociétés commerciales qui ne poursuivaient aucune exploitation agricole, ont eu pour conséquence fatale d'attacher l'indigène à la recherche du gain le plus rapide, nécessitant le moindre effort, et les industries locales sont demeurées dans l'état d'enfance où elles étaient avant l'arrivée des Européens, et il faut envisager que le développement à donner à ces industries constitue une œuvre de longue haleine, exigera des efforts éclairés et incessants.

Si maintenant, sans se placer à un point de vue entièrement protectionniste, on cherche à établir la part de la France et de l'étranger dans les importations et les exportations de la colonie, voici ce que l'on trouve :

Je prends les chiffres de 1898 et 1899, parce qu'ils marquent la démarcation entre deux périodes bien distinctes de colonisation. Avant 1898, le commerce était libre, et seule la Société du haut Ogooué avait une concession importante. En 1898, a lieu l'inauguration du chemin de fer de Matadi et sont données les premières concessions nouvelles, dont j'aurai à parler plus loin. En 1899, l'attribution de ces nouvelles concessions est faite, et le mouvement commercial prend un accroissement notable.

(A) Commerce entre la France et le Congo

	1898	1899		*Différence*
	—	—		—
Importations de la France dans la colonie	1.274.366	2.476.757	+	1.202.391 fr.
Exportations de la colonie en France	1.487.887	1.414.282	—	13.605 fr.

(B) Commerce du Congo avec l'Étranger

Importations de marchandises étrangères par navires français et étrangers	3.561.734	4.211.671	+	649.937
Exportations pour l'étranger	4.204.570	4.574.196	+	369.626

Je ne parle pas du commerce du Congo avec les autres colonies françaises, qui est insignifiant.

Les chiffres ci-dessus sont intéressants à rapprocher les uns des autres : il en découle une constatation qui porte en elle-même son enseignement : c'est que, jusqu'ici, c'est l'étranger qui profite de cette conquête coloniale pacifique de la France.

La proportion des importations s'est trouvée modifiée en faveur de la Métropole ; mais elle demeure la même aux exportations. Et, dans l'état économique actuel, il n'y a pas lieu de supposer que le changement soit radical. En effet, tandis que notre production industrielle a des charges plus lourdes que la production industrielle étrangère, du fait, soit d'un outillage moins perfectionné, soit d'une plus grande élévation des prix de main-d'œuvre, l'organisation de nos marchés coloniaux laisse à désirer, et les produits de nos colonies prennent souvent la route de Londres, Liverpool, Anvers et Hambourg où, du reste, nos industriels vont les racheter, privant ainsi le commerce métropolitain des courtages élevés que produisent les transactions coloniales françaises.

Il y a une grande œuvre à entreprendre sur ce point. Il est éminemment instructif d'entrer dans le détail. Le temps m'a manqué pour faire cette étude sur les dernières années, et mon intention est bien de la faire, en ce qui concerne le mouvement commercial des nouvelles Sociétés de colonisation.

Mais j'ai là, sous les yeux, des chiffres de 1896 qui suffiront à vous éclairer.

Voici les chiffres comparatifs de l'importation au Congo des fils et tissus, en 1896.

France	Angleterre	Allemagne	Hollande	Etat du Congo
91.757 fr.	918.084 fr.	196.064 fr.	105.279 fr.	168.578 fr.

Total des importations étrangères : 1.387.945 fr.

c'est-à-dire que la France fournit seulement le 1/15 du total.

Des industriels des Vosges, qui ont su reprendre aux Américains le marché de Madagascar, et ceux de Rouen qui ont fait, en 1892-1893, une tentative au Congo même, trouveront au Congo français un marché qui n'est pas à dédaigner.

Passons à l'exportation ; voici deux produits intéressants : les bois et les huiles.

Marché des bois exotiques : exportations du Congo en France et à l'étranger, 1896 :

France (Le Havre)	Angleterre (Liverpool)	Allemagne (Hambourg)
228.142 fr.	138.593 fr.	89.029 fr.

Total pour l'étranger : 227 622 fr.

Ici, le total pour la Métropole égale le total pour l'étranger.
Il n'en est pas de même pour les huiles et sucs végétaux.

France	Angleterre	Allemagne	Etat du Congo et autres pays
197.017 fr.	1.398.942 fr.	334.048 fr.	154.991 fr.

Part de l'exportation à l'étranger : 1.887.981 fr.

c'est-à-dire que la France recevait seulement en 1896 à peu près le 1/10 de cette production congolaise. Voulez-vous, sous une autre forme, des chiffres encore plus précis ?

Voici, de 1896 à 1901, le total, en poids, des exportations de bois, de caoutchouc et d'ivoire du Congo français :

Bois d'ébénisterie et de construction

1896 — 3.679 tonnes	1899 — 5.753 tonnes
1897 — 5.523 »	1900 — 6.475 »
1898 — 2.886 »	

Pour les deux dernières années, les quantités de bois à destination du marché français sont respectivement les suivantes :

1899 — 2.010 tonnes 1900 — 2.533 tonnes

Il y a un marché des bois au Havre ; nos fabricants vont acheter à Liverpool et à Hambourg !

Caoutchouc

1896 — 546 tonnes	1899 — 670 tonnes
1897 — 518 »	1900 — 656 »
1898 — 578 »	

Les quantités de caoutchouc à destination du marché français se sont élevées à :

1899 — 173 tonnes 1900 — 317 tonnes

Il y a un marché important du caoutchouc au Havre : nos industriels vont acheter à Liverpool et à Anvers, et le marché du Havre est en train de rétrograder comme importance de trafic !

Ivoire

1896 — 95 tonnes	1899 — 100 tonnes
1897 — 105 »	1900 — 152 »
1898 — 102 »	

Les quantités d'ivoire à destination du marché français ont été :

1899 — 15 tonnes 1900 — 23 tonnes

Cependant, nos industriels et nos artistes emploient l'ivoire, par quantités énormes, à fabriquer : des billes de billard, des manches de couteau, des touches de piano, de la brosserie et des objets artistiques ! C'est donc qu'ils vont acheter à Liverpool et à Anvers l'ivoire qui est exporté d'une colonie française et qu'ils pourraient recevoir et acheter directement au Havre ou à Paris !

On discute beaucoup sur le libre-échange et la protection (en matière de colonisation, ces deux mots n'ont pas pour moi le même sens qu'en matière de relations internationales), et on le fait, en général, d'une façon tellement absolue, que l'on n'arrive pas à s'entendre. La lutte s'éternise et dégénère en querelles de personnes ou discussions de mots, et l'on perd le point de vue principal, qui me paraît devoir être, si l'on veut bien en juger d'après la politique économique de la plupart des autres pays, la nationalisation de la production et de la consommation coloniales.

Voici un exemple. Aux débuts du Congo belge, la Belgique ne produisait que le 1/10 des produits nécessaires à l'importation : elle fabrique aujourd'hui presque le 100/100 ! Et le port d'Anvers est devenu, en dix ans, l'un des premiers marchés du monde ! La répercussion de cette politique, menée par le roi Léopold avec une habileté et une persévérance remarquables, a été un élan extraordinaire de l'industrie et du commerce belges dans le monde tout entier : n'est-ce pas là la véritable logique de la politique coloniale ? Est-ce que la tendance marquée des peuples, dans la lutte économique ardente qu'ils se livrent, n'est pas de se suffire tout d'abord à eux-mêmes, les conquêtes nouvelles paraissant être faites pour absorber les plus-values de production et fournir de nouvelles sources de matières premières au meilleur compte possible ?

Ainsi, la France utilise pour son industrie 5 500 tonnes de caoutchouc, et l'ensemble des colonies françaises, qui est constitué de manière à fournir ce total et bien au delà, ne produit que le 1/5 de la consommation industrielle métropolitaine ! La marge est large. Et, quand elle sera atteinte, le placement industriel aura doublé par l'ouverture de nouveaux marchés ou l'application de nouvelles découvertes, et le progrès n'aura qu'à continuer ! Est-ce dans l'élaboration ou l'application des lois douanières, suivant la formule protectionniste ou libre-échangiste, qu'il faut chercher le mécanisme pratique de la production et de la consommation coloniales ? Rien d'absolu dans cet ordre d'idées. Les formules ne sont pas, à mes yeux, des questions de principes invariables, mais bien de méthodes différentes, qui peuvent être appliquées successivement, suivant les circonstances, par la même nation. Pour prendre les chiffres du caoutchouc, l'on peut être protectionniste jusqu'à la limite des 5 500 tonnes et libre-échangiste au delà.

Mais, en matière de colonisation, l'action des gouvernants, chefs d'Etats ou Ministres, me paraît avoir une influence considérable. C'est l'action personnelle du roi Léopold qui a donné le branle à la colonisation belge dans l'Etat indépendant. Je sais, par contre, que si la colonisation du Congo français, en particulier, n'est ni plus avancée ni plus brillante, c'est que l'action des gouvernants ne fut pas, loin de là, ce qu elle aurait pu être.

L'on peut croire que les temps sont changés ou vont changer.

* * *

Si la première source du commerce est dans la récolte et la vente des produits spontanés du sol, la plus abondante et la plus durable est dans l'agriculture. Or, il y a une agriculture coloniale comme il y a une agriculture métropolitaine, et l'on a pu dire que les colonies françaises en étaient arrivées à « l'âge de l'agriculture. »

Les plantes ne sont pas les mêmes, ni les méthodes. On se fie beaucoup à l'humidité du sol, à la chaleur du soleil, et il est certain que ces deux conditions sont éminemment favorables à la culture. Elles ont aussi leurs inconvénients, car elles provoquent l'envahissement de plantes sans utilité ou parasites, qui peuvent retarder et gêner la végétation des plantes dont on poursuit l'exploitation. D'un autre côté, la population n'étant pas assez dense pour qu'il y ait surabondance de main-d'œuvre, et que les indigènes puissent s'atteler aux petites cultures dont le produit puisse être consommé par eux ou alimenter un trafic important, comme celui des arachides au Sénégal, il a fallu choisir une série de plantes à grand rendement, dont la production pût être escomptée pour de longues années.

Les deux plantes auxquelles devaient songer, en premier lieu, les colons, sont le caféier et le cacaoyer.

Il en fut ainsi, en effet. Les missionnaires d'abord, quelques Sociétés, comme la Société hollandaise (Afrikaansche Handels Vernnoostchap), la C[e] Woërmann, quelques colons : MM. Sargos, Ancel-Seitz, Vergnes, etc., créèrent des plantations de caféiers et de cacaoyers. Les caféiers étaient indigènes ou venaient de Libéria ; les cacaoyers venaient de l'île de San-Thomé. Toutes ces plantations, pour l'établissement desquelles les colons faisaient école, ne réussirent pas également, entre autres celles de la Ce Woërmann, près de Libreville. Les autres se maintinrent dans un état satisfaisant. Les deux plus belles étaient. sans contredit, celles de la Société hollandaise (caféiers et cacaoyers), au lac Cayo, près de Loango, et celle de M. Jeanselme (cacaoyers), dans l'île des Perroquets, au fond de l'estuaire du Gabon.

Voici par exemple, pour le café, la statistique des exportations :

1896	— 4.471 kilog.	1898	— 57.660 kilog.
1897	— 30.094 »	1899	— 41.281 »
Débts de 1900	— 30.473 »	d'une valeur de 33.500 francs.	

Le prix des cafés ayant subi, depuis quelques années, une baisse marquée, et les cafés des colonies françaises ne jouissant, comme les cacaos, que de la demi-détaxe, alors que nous demandons l'entrée en franchise, les producteurs du Congo, placés dans des conditions locales difficiles, n'ont pas grand intérêt à augmenter leur production. Une partie de ces produits est consommée sur place, ce qui est, somme toute, un bien.

Mais il en est pour le café et pour le cacao comme pour le caoutchouc. Les colonies françaises n'arrivent pas encore à couvrir la consommation dans la Métropole. Ainsi, sur 89.560.000 francs de café livré à la consommation en 1899, les provenances de nos colonies n'ont atteint que 1.085.000 fr. et, pour 32.311.000 fr. de cacao, 1.772.000 fr. seulement. Ici encore, il y a de la marge pour la mise en valeur totale de nos colonies.

Après les essais de culture de café et de cacao, vinrent les essais faits sur la vanille. Ils furent peu importants. Il y a, dans les grandes plantations existantes, le coin réservé à la vanille : mais c'est plutôt, semble-t-il, comme figuration agricole, en attendant que l'expérience de cette culture, très délicate, soit devenue plus avancée et la main-d'œuvre indigène plus habile. L'effort le plus grand a été réalisé par un fonctionnaire de Libreville, M. Duhard, qui possède plus de deux hectares plantés en vanilliers.

Les plantations de café et de cacao n'ayant pas paru devoir répondre aux espérances que l'on avait fondées sur elles, l'on se tourna vers les plantations de caoutchouc.

C'était là, semblait-il, que résidait réellement l'avenir agricole de la colonie. En effet, outre l'existence, dans toute l'étendue du pays, de lianes produisant un excellent caoutchouc, récolté par les indigènes suivant des méthodes particulières, on avait introduit depuis peu un arbre à caoutchouc venu de Ceara (Manihot Glaziowii). Cet arbre prospérait à la fois dans les plantations du lac Cayo et dans l'enceinte du jardin d'essais de Libreville. Les échantillons de gomme recueillis sur les jeunes arbres, et dont je pus faire analyser quelques-uns, se présentaient comme excellents et laissaient entrevoir des résultats pratiques. Un peu partout, on planta des caoutchouquiers de Ceara. Cependant, les années venant et les arbres paraissant en âge de supporter la récolte du latex, il fallait se rendre compte si celle-ci serait rémunératrice et s'il était possible d'engager là-dessus des capitaux. Je n'entrerai pas ici dans le détail des expériences : elles parurent peu satisfaisantes, et le caoutchouc de Ceara fut délaissé après avoir connu la vogue.

Il ne méritait pas cet abandon, et je reste convaincu qu'avec d'autres méthodes de culture ou en le plaçant dans les conditions géologiques de son pays d'origine, l'on eût pu et l'on pourrait encore en tirer un utile parti.

A la suite de cette expérience, je fus chargé, en 1898, d'importer dans la colonie des Heveas du Brésil, l'arbre à caoutchouc qui donne le fameux Para, qui se vend sur les marchés européens 12 fr. le kilogr. à l'état brut. Cette importation fut faite à l'occasion de l'introduction dans la colonie d'arbres à gutta-percha (Isonandra-Gutta), rapportés de Sumatra par M. Raoul, pharmacien en chef des colonies, introduction dont je fus également chargé.

J'ignore quels sont les résultats actuels de cette double expérience, dont les débuts furent heureux et dont l'importance pour la colonie est considérable, surtout en ce qui concerne les Isonandras, indispensables à la fabrication des câbles sous-marins et qui sont de plus en plus rares.

Mais, pour l'exploitation des richesses coloniales, dans l'ordre végétal ou l'ordre animal, quelle est la meilleure méthode ? celle qui consiste à importer des plantes ou animaux, connus d'ailleurs, mais qu'il reste à acclimater, sans trop savoir si la transplantation ne modifiera pas du tout au tout les conditions physiologiques, ou bien celle qui se contente de prendre les êtres, espèces ou races, qui existent dans le pays ; à les modifier ou perfectionner par des procédés définis qui sont la sélection et la culture ? Ainsi, il est avéré que la transplantation d'un pays dans un autre, sur de grandes distances comme celle qui sépare l'Amérique du Congo, des essences à latex, modifie profondément les conditions de production du caoutchouc et peut même la supprimer. Alors, puisqu'il existe au Congo, en abondance, des lianes indigènes qui donnent d'excellent caoutchouc, pourquoi ne pas tenter la culture de ces lianes ? Sans doute, elles ont une végétation capricieuse qui rend difficile leur maniement par la main de l'homme ; elles aiment la forêt demi-obscure, le sous-bois épais, le sol humide, d'où elles s'élancent en tiges gracieuses qui atteignent le sommet des plus grands arbres pour courir, de là, d'une branche à une autre, de l'arbre qui leur sert d'appui au plus voisin, et retombent ensuite : ce qui explique que l'indigène, ne pouvant l'amener toute à lui, la coupe d'abord au pied, et se contente ensuite de quelques mètres sur les cent qu'elle a souvent et dépasse quelquefois. Mais ne peut-on espérer pouvoir la placer dans les conditions nécessaires à sa forme de végétation : ombrage et humidité constante ? Ne peut-on surtout, pour faciliter la récolte du caoutchouc, lui donner des tuteurs choisis et convenablement espacés, verticaux si c'est préférable, horizontaux si c'est possible ? On imagine volontiers d'immenses espaliers faits de bambous reliés les uns aux autres, fixés aux arbres-abris à hauteur d'homme, et sur lesquels on ferait courir les lianes, prêtes dès lors à donner à la saignée des quantités de caoutchouc suffisantes à laisser des bénéfices, et facilement exploitables sur toute leur longueur. Quelle quantité de gomme n'a pas été perdue, gâchée, par le procédé primitif et imprévoyant des indigènes !

En 1893, je demandais, dans un rapport à M. Lippmann, lieutenant-gouverneur, qu'il fût commencé des essais de ce genre. Ma proposition de culture des lianes fut écartée comme impraticable. Aujourd'hui, les lianes sont cultivées un peu partout en Afrique. Au Congo belge, il existe une plantation qui ne comprend pas moins de 60.000 pieds et qui promet des résultats splendides.

Il reste, cependant, beaucoup à apprendre et à faire sur ce chapitre. Un article du Cahier des charges des nouvelles Sociétés leur impose la plantation de 150 pieds de lianes par tonne de caoutchouc exporté.

Je passe sur les cultures secondaires, dont une faible partie peut fournir un sérieux contingent à l'exportation, mais qui doivent surtout viser la consommation locale. Ainsi pour le riz, qu'il y a tout avantage à produire dans la colonie pour l'alimentation des travailleurs, au lieu d'aller le chercher en Cochinchine!

Voici quelques chiffres approximatifs qui donnent un tableau de l'état d'avancement des cultures au Congo français. Il y a 2.000 hectares plantés, comprenant, avec les pépinières, 2.800.000 caféiers, 540.000 cacaoyers, 3.000 vanilliers, 40.000 caoutchouquiers et 200.000 plants d'essences diverses. Il y a encore 10 hectares plantés en coton, 15 hectares de canne à sucre et 40 à 50 hectares de riz.

Il sera plus qu'intéressant de relever, année par année, les progrès de l'agriculture congolaise, et surtout de décompter le nombre de pieds de lianes mis en culture en vertu de l'article du Cahier des Charges que j'ai cité plus haut.

* * *

Le complément obligatoire des cultures, c'est l'élevage. Eh bien, l'on peut dire que l'élevage n'existe pas au Congo français. Les indigènes possèdent quelques poules, quelques canards, quelques chèvres et quelques moutons. Mais tous ces animaux domestiques vivent sans soins, à leur fantaisie et, dans tous les cas, en quantités restreintes. Le troupeau et la basse-cour indigènes n'existent pas. Quant à domestiquer certaines espèces autochtones, le noir n'a jamais cru que cela fût possible : il n'y a même jamais songé.

Quant aux Européens qui se sont fait un troupeau, il y en a peu qui s'en préoccupent autant que cela en vaudrait la peine, qui consentent pour lui les dépenses voulues ; et les noirs, auxquels ils en confient la garde, paraissent être jaloux de leurs bêtes.

Je voudrais que, de même que l'on fait venir des ouvriers sénégalais : charpentiers, menuisiers, mécaniciens, l'on fît aussi venir du Soudan quelques-uns de ces noirs qui ont la pratique de l'élevage parce que, de tous temps, ils en ont fait pour eux-mêmes, parce que l'animal, bœuf ou mouton, constitue une part importante de leur richesse individuelle et leur sert souvent à acheter leurs femmes. Au contact de ces Soudanais, les Congolais se formeraient peu à peu.

Les bœufs qui sont élevés au Congo viennent de Mossamédès, de Cotonou ou de Konakry. Cependant, le bœuf existe en abondance dans la colonie, mais à l'état sauvage, et l'on n'a jamais tenté de le capturer et de le domestiquer, au besoin par croisement avec les races importées. Le bœuf à bosse, que l'on commence à utiliser dans le Haut-Oubanghi, provient des Etats musulmans des bassins du Tchad. Les moutons et les chèvres sont de races différentes : il y en a de hauts et de courts sur pattes ; mais, tandis que les moutons sont à laine courte, au moins tous ceux que j'ai vus, l'on trouve, chez les Bondjos, des chèvres à poil long qui sont fort belles.

Le cheval a été importé : les premiers sont venus de Ténériffe, d'autres ont été importés du Sénégal. Mais le climat est peu favorable à la race chevaline. On voit parfois les malheureuses bêtes claquer la fièvre comme nous et marcher la tête basse, la langue pendante, les yeux mornes, éteints. L'alimentation n'est pas encore adaptée aux besoins de cet animal, tout au moins si l'on veut lui demander des services ; quant aux indigènes, ils en ont quelque peu peur et ne peuvent faire que de très mauvais palefreniers.

A la place du cheval, l'âne rendrait, au Congo, de grands services. Si l'on pouvait amener les indigènes à élever ces animaux dans leurs villages, l'exploitation de la colonie aurait fait un grand pas ; l'on verrait alors les noirs porter leurs produits à la factorerie en quantités plus grandes, comme les âniers du Sénégal. On aurait pu aussi alléger le service des portages sur la route des caravanes, chaque animal pouvant porter deux charges quand les noirs n'en portaient qu'une seule. Il suffisait d'installer, tous les 25 kilomètres, des caravansérails où les noirs et leurs bêtes fussent assurés de trouver un abri et des approvisionnements. On y songea un moment à Loango. Un colon avait importé des ânes. Faute de ressources suffisantes, il ne put conduire son entreprise à bout. La colonie lui acheta ses bêtes et les plaça dans un de ses postes, sur la route des caravanes, à Loudima. Là, les

Un bout de causette avec Sahib au Muséum

Massacre d'éléphants

Caravane de porteurs d'ivoire. Route de Loango à Brazzaville

Eléphant de l'Inde au travail

bêtes vécurent en toute sécurité. Elles prospérèrent même, se reproduisirent et s'engraissèrent. Mais jamais on ne leur fit porter la moindre charge sur la route des caravanes.

Vous avez là un exemple, malheureusement trop fréquent, de l'incurie administrative. Les ânes de Loudima émargeaient au budget, devenus budgétivores aussi bien qu'herbivores : que pouvait-on demander de plus ?

Moi, je demandais encore autre chose : que l'on fît des expériences de domestication de l'éléphant. Administrativement l'on trouva quantité de bonnes raisons pour ne rien faire : les objections furent nombreuses, dont beaucoup n'avaient pas le sens commun. Au milieu de cette nature exubérante, on ne trouverait pas à nourrir ces puissantes bêtes... l'éléphant d'Afrique n'était pas domesticable comme celui d'Asie, etc., etc. Une à une, je discutai ces objections sans valeur, j'en fis justice et je continuai la campagne de propagande à laquelle M. le Dr Cayla a bien voulu, tout à l'heure, faire une allusion toute bienveillante. Je démontrai qu'au lieu de procéder par l'importation d'éléphants d'Asie déjà dressés et dont on se servirait pour capturer et dresser ceux du Congo, ce qui élèverait considérablement le coût des expériences, il était plus simple et plus pratique de capturer et dresser de jeunes éléphanteaux, auxquels on ne demanderait que l'effort qu'ils seraient capables de donner, et j'indiquai, en faisant simplement l'application au Congo de ce qui se pratique dans l'Inde, où l'armée anglaise compte à elle seule plus de mille éléphants enrégimentés comme nos chevaux d'artillerie, à quels usages précis pourrait être employé l'éléphant : transports administratifs et commerciaux, travaux divers dans les plantations, exploitation des forêts.

C'est merveille, en effet, que de dénombrer les multiples emplois auxquels se prête l'éléphant, et de voir à l'œuvre l'usage qu'il fait de son intelligence et de sa force. La plupart d'entre vous ont lu des récits, tous plus intéressants les uns que les autres, ont admiré dans les cirques l'adresse de ces animaux ; d'autres ont pu voir travailler réellement au Jardin d'Acclimatation les éléphants d'Asie qu'on y exposait, il y a un peu plus de dix ans.

Je ne m'attarderai donc pas à faire ici cet exposé. Qu'il me suffise de dire que la domestication de l'éléphant d'Afrique est aujourd'hui un fait, sans que j'aie pu, du reste, accomplir la mission qui m'avait été confiée, mais dont les fonds n'ont jamais pu être constitués. Sur les données de l'essai réalisé au Fernan-Vay par un missionnaire, le R. P. Bichet, le roi Léopold, qui avait daigné auparavant me recevoir en audience privée, pour entendre l'exposé de mon projet, a envoyé l'un de ses officiers, le capitaine Laplume, tenter l'expérience au Congo belge : un accident survenu aux deux éléphanteaux qu'il avait capturés, a empêché, jusqu'ici, la réussite de l'expérience. (1) Au Cameroun allemand, un autre officier a pu garder trois éléphants, sur sept qu'il avait capturés ; le dressage de ces animaux est en très bonne voie et l'administration allemande de cette colonie africaine fonde les plus grandes espérances sur l'emploi de l'éléphant.

En somme, l'idée marche. Peu importe qu'elle soit réalisée par d'autres que par moi. L'essentiel était de travailler à empêcher la destruction totale de cette espèce animale, qui représente une richesse colossale : réduits à la domesticité, les éléphants qui existent en Afrique vaudraient plus d'un milliard. Je crois que nous avons fait œuvre utile, et il n'y a plus qu'à attendre que les résultats acquis se généralisent. J'espère que, dans dix ans, l'Afrique comptera plus de cent éléphants domestiques.

Résumons maintenant, en quelques chiffres, l'état de l'élevage européen au Congo français.

On trouve dans cette colonie : 1 éléphant, 12 chevaux, 38 ânes, environ 300 bœufs, 2.000 moutons, 500 chèvres ; 50 porcs et 2.500 à 3.000 volailles diverses importées d'Europe.

C'est peu encore et tout reste à faire.

* * *

Nous avons passé en revue les principaux éléments de la colonisation qui est possible au Congo, et nous arrivons à la période actuelle, qui est le point de démarcation très nette entre deux âges différents de cette colonie : l'âge de première enfance, de première formation, pendant lequel, tandis que là-bas on découvre successivement des étendues plus grandes de pays et l'on installe un système sommaire d'administration, ici il faut payer, pour ainsi dire, les mois de nourrice sous la forme de subventions annuelles ; et l'âge de première jeunesse où la colonie est

(1) Des nouvelles toutes récentes font connaître que le capitaine Laplume a définitivement réussi ses expériences.

plus forte, armée pour produire, c'est-à-dire pour payer ses dépenses d'administration, en attendant qu'elle puisse accumuler des excédents de recettes en vue d'un nouvel effort de développement. Ce nouveau stade de la colonisation est tellement caractérisé, qu'aujourd'hui la presque totalité du territoire, sauf quelques réserves, est attribuée à des Sociétés commerciales, par décrets présidentiels et en vertu d'un Cahier des charges débattu entre les deux parties : l'Etat et les Sociétés.

A juger superficiellement des choses, c'est un résultat merveilleux que la constitution de 40 Sociétés anonymes représentant un mouvement de 60 millions de capitaux, et nous nous trouvons fort loin de l'année 1894, au cours de laquelle un décret analogue de concession, celui de la Société du Haut-Ogooué, fut cassé par un Ministre des Colonies, M. Chautemps, et la presse ignorante cria à la dilapidation du domaine colonial, parce que la concession couvrait 11 millions d'hectares ! Je disais, à cette époque, qu'il y avait de la terre en Afrique pour bien d'autres concessions analogues, sans toutefois prévoir qu'on en viendrait à la situation actuelle. La concession Béraud est dépassée, puisque la Société des Sultanats du M'Bomou (nous connaissons les sultans et leurs sujets) a reçu en concession 15 millions d'hectares, soit le quart environ de la superficie de la France, pour un capital de neuf millions de francs ! Les autres Sociétés calculent leurs concessions ou leur capital par millions d'hectares et millions de francs : peu d'entre elles s'en tiennent aux centaines de mille. Pour ma part, je ne suis pas absolument optimiste en ce qui est de ce mouvement de colonisation, et cela pour plusieurs raisons qui me paraissent excellentes.

A bien examiner les conditions dans lesquelles se présentait le Congo, il apparaît que les diverses régions qui le constituent ne se prêtaient pas également à la colonisation européenne. A coup sûr, les plus favorables étaient situées à la côte même, où l'on pouvait se demander s'il ne valait pas mieux laisser au commerce sa liberté pleine et entière, et dans l'extrême intérieur, où il semblait qu'il était préférable de constituer des compagnies à charte, sans le mot, puisqu'il effraie les esprits mal éclairés. Du fait de la nature congolaise elle-même, du peu de densité des populations ou de l'inaptitude absolue de quelques-unes au travail, n'y aura-t-il pas des déceptions ? Je le crains ; j'en ai même la certitude. Il appartiendra aux administrateurs de ces Sociétés de se résoudre à marcher avec la sage lenteur qui, si elle ne permet pas de distribuer rapidement des dividendes, permet au moins d'espérer le succès final et définitif ; il appartiendra aussi à l'Administration de suivre de près le mouvement des Sociétés et de prendre toutes les mesures que nécessiterait leur situation, pour empêcher que les difficultés rencontrées par les colons, d'importantes qu'elles sont, ne deviennent insurmontables. C'est ainsi qu'il faudra sans doute faciliter des fusions d'intérêts partout où ce sera reconnu nécessaire ou possible.

Mais comment une colonie française, aussi décriée auparavant que le Congo français, est-elle passée aussi rapidement de l'état d'abandon où elle était, à ce commencement de prospérité? Voici :

En 1898, les Belges inauguraient leur chemin de fer de Matadi à Léopoldville. Dès lors, les produits à l'importation ou à l'exportation étaient assurés d'un moyen rapide et économique de transport : quatre jours de voyage au lieu d'un mois, et 1.000 fr. la tonne au lieu de 2 000 ou 2.200 fr. D'un autre côté les Belges, enhardis par le succès, cherchaient des affaires nouvelles à lancer. Mais quel besoin avaient-ils de se tourner vers le Congo français, alors que l'Etat du Congo, autrement dit le Congo belge, est plus grand que le Congo français : 2.329.200 kilom. carrés ? La raison est bien simple. L'Etat du Congo est la propriété personnelle du Roi, qui en est le Souverain Propriétaire. Si, dans le bas Congo, l'action commerciale des colons belges est libre sous un régime domanial assez semblable au nôtre ; si, dans le moyen Congo, le Roi a autorisé l'installation d'un certain nombre de Sociétés commerciales, par contre, dans tout le reste de l'Etat, c'est-à-dire les deux tiers de sa surface, il est demeuré seul propriétaire, seul commerçant, seul colon, et ces territoires constituent le Domaine privé, gouverné, administré, exploité par ses officiers et ses fonctionnaires. C'est terre gardée, chasse réservée, où il n'accepte pas la concurrence. Tout au plus a-t-il autorisé l'installation de trois Sociétés, qui sont ses associées, dont il est le principal actionnaire et qui bénéficient de toute l'administration de l'Etat.

Un tel régime domanial amène des excès de toute sorte. Certes, au point de vue commercial, les résultats sont splendides : ainsi, les exportations de l'Etat du Congo ont atteint en 1899 le chiffre de 36.067.959 fr., tandis qu'il faut les totaux accumulés de huit années, 1892 à 1900, pour atteindre, au Congo français, le chiffre de 38.129.337 fr. Ainsi encore, les Sociétés associées dont je viens de parler ont pu produire de 60 à 100 tonnes de caoutchouc par mois et donner plus de 100 pour 100 de dividende !

Mais, au point de vue social, quelle œuvre néfaste n'a pas été accomplie ! Qu'est devenue la grande mission civilisatrice qui enthousiasmait l'Europe en 1885, au moment où elle signait l'acte de Berlin ? Les formes africaines de la traite et de l'esclavage ont été abolies par des campagnes, fort belles au point de vue de l'art de la guerre en pays neuf, mais elles ont été remplacées par des formes européennes plus enveloppées de formules, plus scientifiques, dirai-je, et plus économiques, mais plus barbares, peut-être ! Qui dénombrera le nombre de vies humaines sacrifiées pour la production de l'ivoire et du caoutchouc, qu'on a appelé en Belgique même le caoutchouc rouge ? Ces vies humaines élèvent, s'il m'est permis de rapprocher ainsi l'œuvre économique de l'œuvre sociale, le prix de revient de ces produits à un taux qui rappelle la conquête du Mexique par les Espagnols !

Quand le moment sera venu pour l'histoire de juger l'œuvre du roi et d'apprécier comment il a accompli la mission que l'Europe lui avait confiée, je doute que le jugement soit celui qu'il escompte : le poids des millions réalisés à l'importation et à l'exportation ou récoltés en bénéfices, celui des matériaux modernes, accumulés dans ces régions pour l'habitation, pour l'exploitation, pour la navigation, pour les transports, rien de tout cela ne pourra diminuer le poids terrible des barbaries inutiles et des crimes commerciaux tels que les journaux belges eux-mêmes les décrivent parfois.

Le Fondateur et Souverain de l'Etat indépendant du Congo redescendra au niveau d'un commerçant habile, grand importateur d'ivoire et de caoutchouc, et que les scrupules ne gênèrent pas outre mesure.

Or, ces résultats économiques que j'admire et condamne en même temps, servirent à blufler particulièrement nos compatriotes, qui colonisaient le Congo français un peu en aveugles.

L'agiotage s'en mêla sur les marchés de Bruxelles et d'Anvers, et, aujourd'hui, les conseils d'administration des Sociétés paraissent entièrement dévoués aux intérêts belges. Nos voisins garderont la maîtrise des Sociétés les meilleures, les plus productives, et se désintéresseront des autres ou les laisseront péricliter sans s'inquiéter du fâcheux retentissement que cela pourra avoir sur l'ensemble de la colonisation française dans le monde.

Ceci n'est pas une question de petits intérêts : ils sont, au contraire, considérables. A qui profitera, en effet, la colonisation du Congo français ? Aux Belges, qui seront fournisseurs à l'importation, transporteurs d'Afrique en Europe (leurs services de navigation sont plus rapides que les nôtres), importateurs sur le marché d'Anvers au détriment de nos ports du Havre, Bordeaux et Marseille, commissionnaires à la vente des produits et qui percevront encore des bénéfices considérables, comme actionnaires, administrateurs, directeurs, agents de toute catégorie. Je sais bien qu'au point de vue général de la colonisation, il importe médiocrement à quelle nationalité appartiennent les capitaux et les intelligences ; cependant, il ne vous échappera pas qu'au point de vue plus grand du développement de l'activité de la France dans le monde, de son influence et de sa richesse même, l'on peut exprimer un regret légitime : celui que les Français aient eu la naïveté de se mettre à la presque entière merci de leurs voisins du Nord, qui sont pour eux de redoutables concurrents. Dans le Lot, on appelle cela : se laisser manger la laine sur le dos.

J'en ai dit assez pour, à la fois, vous indiquer les origines et le mécanisme de la colonisation du Congo, vous faire apprécier les craintes et les espoirs qu'elle peut légitimement inspirer. Aussi, vous épargnerai-je les clauses du Cahier des charges des concessions, pourtant bien intéressantes pour les spécialistes, de même que j'ai laissé dans l'ombre l'étude purement administrative de la colonie. J'ai déjà beaucoup trop abusé de votre temps et de votre bienveillance ; mais j'y ai été encouragé par l'attention soutenue que vous avez bien voulu me prêter.

Cependant, je ne saurais finir sans examiner rapidement avec vous la question qui semble bien la clef de voûte de tout système de colonisation dans les temps modernes ; je veux dire la création de l'outillage mécanique, particulièrement de la voie ferrée, du chemin de fer.

Nous avons dit quelques mots du chemin de fer de Matadi, qui allonge son ruban d'acier sur une longueur totale de 500 kilomètres et relie la côte au point où commence la navigation du Congo, au Stanley-Pool. Eh bien, au Congo français, on eut, comme dans l'Etat du Congo, la conception que celui-là serait maître du trafic qui poserait le rail entre la côte et ce point. Du côté français, les études furent commencées en 1889 : les premières combinaisons financières ne purent aboutir. Pendant ce temps, les études belges faisaient des progrès marqués, le capital nécessaire se constituait. On recommença les études du côté français, mais sans une hâte trop grande, l'optimisme administratif se manifestant sous cette phrase : laissez; les Belges travaillent pour nous ! On supposait alors que le roi ne pourrait soutenir jusqu'au bout son entreprise africaine et que la France serait incessamment conduite à exercer son droit de préemption. Tant et si bien qu'il vint un moment où tout effort de notre côté était d'avance condamné, et qu'il fallait se résoudre, la concurrence en un même point étant encore impossible, à subir le joug économique de nos rivaux.

Aujourd'hui, le monopole des transports leur appartient et les bénéfices de tout ordre qui en ont découlé pour eux sont considérables.

Or, du fait que le chemin de fer de Matadi existe, s'ensuit-il fatalement que le Congo français doive attendre indéfiniment le moment hypothétique de créer ses voies ferrées propres ? Quand viendra-t-il ce moment ? Sera-ce lorsque le chemin de fer de Matadi ne suffira plus au trafic ? Et pourquoi n'y suffirait-il pas ? Il pourra toujours, par l'exécution de travaux appropriés, en doublant sa voie, en augmentant le nombre de ses machines et de ses wagons, suivre le mouvement ascendant de ce trafic. Alors ?... Il semble malheureusement qu'ici encore l'on ne trouve que trop facilement des raisons de ne rien faire ! Cependant, il est indispensable au développement de la colonie qu'elle possède dans le plus bref délai son système de voies ferrées, lequel ne comporterait pas moins de trois voies principales : la première, de la côte au réseau navigable du Congo, de la Sangha et de l'Oubanghi ; la seconde, du bassin du Congo au bassin du

Tchad ; la troisième, du bassin du Congo au bassin du Nil. Les deux dernières, les moins urgentes, peuvent être considérées, l'une comme constituant le prolongement nécessaire, au delà du Tchad, de notre transsaharien, qui finira bien par recevoir son exécution ; l'autre, comme devant nous permettre d'user, dans le bassin du Nil, de la liberté commerciale inscrite dans la convention qui a suivi Faschoda. Quant à la première, de la côte à la partie navigable des fleuves de l'intérieur, il reste à déterminer le tracé général, puisque nous avons reconnu il y a un moment que la concurrence au chemin de fer de Matadi était impossible dans la région qui avoisine immédiatement cette voie existante. Il est difficile d'imaginer un tracé qui réponde mieux aux besoins généraux de la colonie que celui qui réunirait le port de Libreville au réseau fluvial intérieur. En voici les raisons :

Libreville est un des meilleurs ports de la côte occidentale d'Afrique où on les compte aisément ; Libreville a été désigné comme point d'appui de la flotte française et son développement commercial est intimement lié, non seulement à l'exécution des travaux propres à la création de ce point d'appui, mais encore et surtout à la sortie dans ses eaux des produits récoltés dans l'intérieur.

Les régions traversées par ce tracé, qui sont indépendantes du chemin de fer de Matadi, Gabon et Ogooué, y trouveraient un surcroît de vie par les facilités d'exploitation qu'apporte le chemin de fer ; la concurrence de la voie ferrée de Matadi pourrait être soutenue par ce fait que l'économie sur la durée du transport des produits à destination d'Europe serait de huit à dix jours, à la condition que les lignes françaises de navigation conservassent cette économie, ou bien en augmentant la vitesse de leurs bateaux, ou bien en diminuant le nombre de leurs escales, ou bien encore en organisant des services semi-directs entre des groupes de colonies africaines et la métropole.

Voilà, brièvement résumées, les raisons qui justifient le tracé Gabon-Alima ou Gabon-Stanley-Pool à l'exclusion de tout autre.

Les diverses colonies françaises sont toutes entrées dans la voie économique de la création de voies ferrées. La Guinée, la Côte d'Ivoire, le Dahomey ont commencé leur œuvre ; seul, le Congo français n'a pas encore de plan définitif d'un réseau ferré.

Cependant, aucune autre colonie n'en a peut-être plus besoin que celle-là, soit que l'on considère l'étendue de ses territoires, soit que l'on envisage le mouvement actuel de colonisation.

Celui-ci n'a-t-il pas besoin d'être charpenté et lié, non pas seulement par des mesures fiscales ou administratives, mais aussi par de nouvelles entreprises économiques ? Poser la question, c'est d'avance y répondre par l'affirmative.

Bien des Sociétés actuelles trouveraient là un regain de vie dont elles accusent le besoin. Comment cela, par exemple ? C'est bien simple. Le chemin de fer de Matadi est dans des conditions telles qu'il perçoit toujours sans jamais rendre, du moins aux colons français de l'autre rive du Congo. Un chemin de fer français au Congo français pourrait être le client de ses clients : ce point de vue a son importance et il serait aisé de la chiffrer.

Que de choses il nous resterait à examiner ensemble ! Mais j'ai déjà longuement abusé du droit que m'a donné votre Président de parler. Si je m'étais contenté de glaner de-ci, de-là, les anecdotes éparses dans les récits des voyageurs, d'y ajouter les miennes, et de vous composer un tableau plus ou moins pittoresque, l'heure passée à m'écouter avec tant de bienveillance vous eût sans doute paru plus agréable. Mais seriez-vous plus satisfaits ? N'y a-t-il pas dans la capitale assez d'occasions d'uniquement se distraire ? Et n'est-il pas utile d'approfondir les questions qui se présentent à nous, qui même jouent un rôle considérable dans le développement des intérêts généraux du pays ?

Au surplus, les photographies que nous allons voir ensemble et que je vous expliquerai, éclaireront l'aridité des divers exposés que j'ai dû faire.

Encore une question : Que sera le Congo français dans dix ans ? Sans prétendre au don de prophétie et en jugeant simplement de l'avenir par le passé, l'on peut essayer de répondre.

Dans dix ans, quelques-unes des Sociétés actuelles qui n'auront pas eu la patience ou la force d'attendre que les difficultés soient aplanies auront disparu, la colonie aura repris leurs territoires ou les aura transmis à de plus tenaces ; d'autres, renvoyant à des époques plus favorables les grandes opérations commerciales qu'elles avaient entrevues, se seront adonnées à des œuvres agricoles spéciales dans les terrains les meilleurs et trouveront encore la rémunération de leurs capitaux ; les autres, plus rares, auront vu se faire sans accrocs la marche ascendante de leurs transactions, la colonisation de leurs territoires.

Dans dix ans, Libreville sera un port de guerre et un port de commerce ; dans dix ans, les chemins de fer de la colonie seront près d'être terminés, sinon en exploitation ; dans dix ans, on ira aussi facilement au lac Tchad que nous allons aujourd'hui à Bangui, et le voyage ne durera que deux mois et peut-être un peu moins et l'on sortira du continent par le Dahomey en attendant de pouvoir aller s'embarquer à Alger ; dans dix ans, les noirs s'habilleront davantage : dans dix ans, les anthropophages, devenus honteux sans être encore complètement guéris de leur horrible coutume, ressembleront à d'innocents bébés ; dans dix ans, il y aura de nombreux éléphants domestiqués et rendant de signalés services ; dans dix ans... Mais pourquoi attendre jusque là ? Que ceux que j'aurais pu intéresser aux problèmes congolais ne tardent pas à s'embarquer pour ces pays, parce que, dans dix ans, le Congo sera un coin de province française, ce ne sera plus le Congo.

Il est plus pénible peut-être d'y voyager et d'y vivre en ce moment, mais combien plus intéressant que lorsque les hôtels achalanderont à Bangui ou au rapide de Ouango ! plus intéressant parce que l'on y assiste encore à la naissance des choses par lesquelles, progressivement mais très rapidement, sera transformé le paysage, cultivée la terre et, peut-être, civilisée la race indigène !...

Avril 1901.

EXTRAIT DU

Bulletin de la Société amicale des Originaires du Lot

1er et 2e trimestres 1901

IMPRIMERIE LUCIEN DUC, 35, RUE ROUSSELET, PARIS

26

www.ingramcontent.com/pod-product-compliance
Lightning Source LLC
LaVergne TN
LVHW050215180726
843501LV00012BA/1781

* 9 7 8 2 3 2 9 6 6 7 5 4 6 *